정리의 정석

일이 훨씬 편해지는

정리의 정석

ⓒ 2013, 조세형

초판 1쇄 인쇄 2013년 12월 6일
초판 1쇄 발행 2013년 12월 13일

지은이 조세형
펴낸이 유정연

책임편집 김세원
기획편집 최창욱 김소영 장지연 **전자책** 이정 **디자인** 신묘정 이애리
마케팅 이유섭 최현준 **제작** 문정윤 **경영지원** 박승남 김선영

펴낸곳 흐름출판 **출판등록** 제313-2003-199호(2003년 5월 28일)
주소 서울시 마포구 서교동 464-41번지 미진빌딩 3층(121-842)
전화 (02)325-4944 **팩스** (02)325-4945 **이메일** book@hbooks.co.kr
홈페이지 http://www.nwmedia.co.kr **블로그** blog.naver.com/nextwave7
출력·인쇄·제본 (주)현문 **용지** 월드페이퍼(주) **후가공** (주)이지앤비(특허 제10-1081185호)

ISBN 978-89-6596-096-6 13320

이 도서의 국립중앙도서관 출판시도서목록(CIP)은 e-CIP홈페이지(http://www.nl.go.kr/ecip)와 국가자료공동목록시스템
(http://www.nl.go.kr/kolisnet)에서 이용하실 수 있습니다. (CIP제어번호 : CIP2013025687)

살아가는 힘이 되는 책 흐름출판은 막히지 않고 두루 소통하는 삶의 이치를 책 속에 담겠습니다.

일이
훨씬
편해지는

정리의
정석

조세형 지음

흐름출판

차
례

CHAPTER 1

왜 정리하는가 : 일단 정리하면 당장 효과를 본다

CHAPTER 2

버리다 : 버려야 채울 수 있다

CHAPTER 3

줄이다 : 결코 더하지 말라

CHAPTER 4

정하다 : 한번 정해두면 쭉 편하다

CHAPTER 5

나누다 : 잘 분산하면 시간을 번다

CHAPTER 6

바꾸다 : 나쁜 생각과 습관을 바로잡다

CHAPTER 7

습관화하다 : 놀라운 변화가 시작된다

Prologue

정리로 얻은
정말 좋은 업무 습관

"책상이 이렇게 어질러져 있는데 제대로 공부가 되겠니?"

"지금 산재된 문제들을 먼저 정리하지 않으면 이 일은 절대로 해결할 수 없다."

"정리정돈 하나도 제대로 못하는 직원에게 어떻게 중요한 일을 맡기겠나?"

"인간관계를 정리하지 않는 한 이런 악순환은 계속될 것이다."

우리가 흔히 하는 대화들이다. 공부하고, 문제 해결하고, 업무를 수행하고, 그리고 다른 사람과 관계를 맺는 데 있어서도 '정리정돈'은 빠지지 않는다. 평소 정리의 중요성을 별로 느끼지 못하는 사람일지라도 이런 말을 들으면 생각이 바뀔 것이다.

"조직생활에서 정리정돈을 잘하는 사람이 대체로 일도 잘하는 것 같은데, 그렇지 않나?"

얼마 전부터 '정리'라는 키워드가 화제다. 그까짓 정리가 뭐 대수라고 방송은 물론 서점의 베스트셀러 목록에서도 자주 뜬다. 마치 정리정돈을 못하는 사람이 무슨 문제라도 있는 사람인 양 느껴진다.

그러나 결론부터 이야기하면 조직생활을 하는 직장인이 정리정돈을 못하는 것은 큰 문제가 있는 것이다. 올바른 정리 습관을 갖지 못하면 남들보다 업무 속도나 효율성이 떨어지게 마련이고, 이 상태가 지속되면 당연히 성과도 기대하기 어렵다. 정리 잘하는 사람은 업무를 잘할 가능성도 크다. 물론 여기서 말하는 정리는 단순히 책상 위를 정리하는 것에 그치지 않는다.

국어사전에서 '정리'는 흐트러지거나 혼란스러운 상태에 있는 것을 한데 모으거나 치워서 질서 있는 상태가 되게 하는 일이고, '정돈'은 어지럽게 흩어진 것을 규모 있게 고쳐놓거나 가지런히 바로잡아 정리하는 일이라고 정의되어 있다. 하지만, 이런 사전적인 의미를 넘어서 나는 정리정돈이 자기 자신의 몸과 마음을 바로잡는 가장 중요한 기본기라고 생각한다.

직장인에게 하루의 출발선은 바로 사무실의 책상 앞이다. 흐트러진 책상을 정리정돈하면 하루의 출발이 상쾌하다. 책상처럼 눈앞에 보이는 것들을 깔끔하게 정리하는 습관은 점점 그 영역을 넓혀가며 자기도 모르는 사이에 자신을 변화시킨다. 공간 정리에서 한 걸음 더 나아가 업무의 수행 방식과 프로세스를 효율적으로 정리하게 되고, 그래서 더 이상 시간에 쫓기지 않고 오히려 시간을 관리할 수 있게 된다. 사람들과 만나고 대화할 때도 좀 더 편안하고 정리된 태도를 보일 수 있다.

관계와 신변 정리가 되면 자연스레 마음속의 복잡한 생각도 정리가 된다. 경직된 사고가 유연해지면 집중할 땐 집중하고, 또 온전히 쉴 수 있는 지혜도 생긴다. 내 삶이 훨씬 윤택해지는 것이다. 이러한 삶의 추진력이 바로 '정리정돈'인 셈이다.

이만큼 중요한 게 정리정돈이지만 또 반대로 그만큼 실천하기 어려운 것이 바로 그것이다. 정리는 정말 어렵다. 이렇게 중요한 정리를 지금까지 제대로 배우지 못했기 때문이다. 어쩌면 그런 걸 배우기까지 해야 하나, 라고 생각했는지도 모른다.

사실 필자도 정리정돈의 예찬론자이다. 사회 초년생 시절부터 스스로 정리 법칙을 정해두고 정리 습관을 몸에 새기기 위해 지금까지도 계속 반복하고 있다. 습관이란 게 자기 자신도 모르게 머리보다 몸이 먼저 배우고 기억해서 '나만의 습관'으로 되는 것이다. 그리고 그중 나만의 업무 습관들은 시간이 지나면서 저절로 나만의 업무 능력으로 변하였다. 이처럼 정리 노하우를 본인이 체득할 수 있도록 습관화해두면 그게 큰 힘이 된다.

삼성에서 일하며 얻은 정리 습관을 책으로 엮게 된 것은 이런 힘을 나누기 위함이다. 지금껏 제대로 배우지 못한 업무의 정리 습관을 이 책을 통해 배워서 개인도, 회사도 올바른 방향을 잡을 수 있다면 모두 윈윈Win-Win하는 것이다. 삼성은 똑똑하고 일 잘하는 사람이 많이 모여 있다. 일 잘하는 능력을 타고난 사람이나 개인 자질이 탁월한 사람만 뽑은 것은 결코 아니다. 여기저기 흩어져 있는 일 잘하는 습관들을 모아 구성원들에게 공유하고 교육시켜 얻어진 결과이다.

여러 가지로 철저하다고 평가받는 삼성의 강점 중 최고는 단연 '교육'이다. 직원들이 자신의 업무시간을 조정하며 언제나 교육에 입과할 수 있고, 교육시간이 평가항목에 적용되는 경우도 있다. 이처럼 한 사람이 교육으로 다시 거듭나는 곳이 삼성이라는 조직이다. 나 역시 삼성에 경력사원으로 입사해 10년 넘게 일하며 교육받고 선후배에게 직접 배우며 얻은 노하우를 습관화시킨 것이다. 그 습관의 힘은 자신을 변화시키는 동력이 된다. 이렇게 책으로 정리해 나의 단순한 노하우가 다른 사람에게 큰 힘으로 바뀔 수 있다.

학창시절 많은 학생을 괴롭히던 수학, 그 어렵기만 하던 수학은 《수학의 정석》을 차근차근 풀어가며 마침내 정복하게 된다. 그 지침

서와 같이, 정리정돈도 《정리의 정석》으로 한방에 끝내버릴 수 있도록 하려는 마음으로 책을 썼다. 좋은 정리 습관을 들여 제대로 업무 실력을 발휘하고 당신만의 성공법칙이 완성되길 진심으로 바란다.

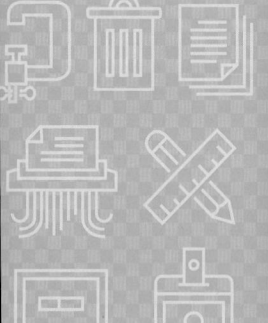

CHAPTER 1

왜
정리하는가

일단 정리하면 당장 효과를 본다

왜
정리
하는가

일상을 정리하면
인생이 달라진다

#01

한 통계 조사에 따르면, 직장인들은 하루에 평균 190여 개의 정보를 입수하고 필요한 서류를 찾기 위해 1년에 150시간을 사용한다고 한다. 주 5일 8시간씩 근무한다고 가정하면 1년 중 한 달은 서류를 찾기 위해 쓸모없는 시간을 소비하는 셈이다. 쉴 틈 없이 바쁜 한국의 직장인에게 이처럼 낭비되는 시간, 즉 서류를 찾는 시간만 줄여도 시간을 더 효율적으로 사용할 수 있다. 정리만 잘해도 시간을 창조하는 능력이 생긴다면 일상에 쫓기는 직장인으로서는 한번쯤 도전해볼 만하다.

'정리의 힘'은 생각보다 강하다. 정리정돈을 잘하면 생산적이고 효율적으로 일할 수 있다. 반면 정리가 잘 안 되어 있으면 쓸데없는 서류들을 뒤적이거나 물품을 찾는 데 시간을 뺏겨 시간을 낭비하게 된다. 이런 데 시간을 빼앗기는 게 낭비라는 생각이 들면 정리를 하게 되는 것이다. 기억해야 할 것은 '일상'을 잘 정리하는 사람이 '인생'을 바꿀 수 있는 힘도 얻는다는 사실이다.

하지만 많은 직장인들이 가장 꺼리는 일이 바로 정리정돈이다. 매번 정리정돈을 해보겠다고 도전하지만 대부분 실패로 끝나고 만다. 평소 자기 방이나 차 내부도 제대로 정리하지 않는데 하루아침에 사무실에서 정리 습관이 생길 리 없다. 가장 중요한 것은 '내가 왜 정리를 해야 하는가?'에 대해 중요하게 인식하지 못한다는 점이다. 정리정돈에 대한 동기부여가 부족한 것이다. 최근 정리컨설턴트로 각광받고 있는 베리굿정리컨설팅 윤선현 대표는 한 강연에서 이렇게 말했다.

정리 컨설팅을 하면서 정리를 잘하는 사람과 못하는 사람을 많이 만났습니다. 정리를 잘 못하는 사람들은 구체적인 정리 방법을 모른다기보다 정리를 해야 하는 동기 자체가 부족한 경우가 많아요. 한마디로 정리를 잘 못하는 사람은 인생에 대한 자기주도력이 떨어지는 것이지요. 반면 정리를 잘하는 사람은 인생을 어떻게 살아야 할지에 대한 명확한 방향성이 있고, 삶에 대한 구체적인 목표의식이 있습니다. 구체적인 목표가 있으면 그 목표를 이루기 위해 정리를 안 할 수가 없어요. 일도 해야 하고, 시간관리도 해야 하고, 관계 정리도 해야 하니까요. 말하자면 자기 인생에 대한 간절함이 정리를 하게 하는 것입니다.

인생의 목표 달성을 앞당기는 데 '정리 습관'이 많은 도움이 되는 만큼 간절함을 담아 정리하지 않을 이유가 없다. 회사에서 업무 때문에 머리가 지끈거리거나 일이 마음먹은 대로 진행되지 않을 때 우리는 흔히 '리프레시refresh'를 하고 싶어 한다. 하지만 재충전을 한다고 일이 해결되는 건 아니다.

그럴 때 필요한 게 바로 '정리'다. 일상과 인생이 다 같이 정돈되는 게 정리 습관의 힘이다. 《청소력》의 저자 마쓰다 미쓰히로舛田光洋는 깨끗하게 정리정돈된 환경을 통해 삶의 원동력을 얻을 수 있다고 했다. 버리기, 닦기, 정리정돈만 잘해도 생활의 활력을 얻고 일도 잘 풀린다고 강조했다.

나는 이 책에서 단순히 공간이나 수납과 같은 물리적인 정리에 대해서만 이야기하려는 게 아니다. 정리를 통해 자신만의 질서 체계를 명확하게 세우는 게 목적이다. 일상의 모든 것을 정리하고 업무 습관을 바꾸면 분명히 인생이 달라질 수 있다. 인생을 바꾸기 위해서는 공간, 시간, 인맥, 정보 등을 효과적으로 정리하는 습관을 가져야 한다. 일상의 모든 것이 잘 정리되어 있으면 머릿속이 분명해지고 삶의 열정이 생긴다. 흐트러진 공간뿐만 아니라 생활과 의식도 반듯하게 변화된다.

되돌아보면 학교를 졸업하고 사회생활을 시작하던 초년병 시절
에도, 회사를 운영하고 있는 지금에도 정리정돈이라는 삶의 자세
는 내 삶의 추진력이요, 일종의 에너지라는 생각이 든다. 책상처
럼 당장 눈앞에 보이는 주변을 정리하는 것으로부터 시작된 나
의 정리정돈 습관은 신변 정리, 정신적인 사고의 정리 등 유무형
의 성공적인 결과물을 가져다주었으니 말이다. 더불어 사고의 정
리는 사소한 일이든, 큰일이든 간에 계획을 세우고 계획대로 일
을 진행할 수 있는 '생각 정리의 기술'을 가다듬을 수 있는 기회
를 주었다. 이를 통해 나는 '군더더기 없는 일 처리 패턴'을 배웠
고, 이는 업무 시간을 줄이고 효율은 높이는 아주 고마운 힘이 되
었다.

- 강병석 아이오셀 전 대표이사(한경비즈니스, 2008년 3월호)

또한 정리정돈은 비효율을 줄이는 대안이 되기도 한다. 직장인에
게는 불필요한 프로세스를 줄여 허둥대며 낭비하는 시간을 줄여주
고, 일정이나 인맥도 자기에게 가장 도움되는 방법으로 관리하게 된
다. 그런 변화의 시작이 바로 '정리'이고, 그 첫 걸음은 지금 당장 눈

에 보이는 것부터 시작하는 것이다. 모든 것을 한꺼번에 정리하려고 하면 처음부터 과부하가 걸려 쉽게 포기하게 된다. 일상생활에서 당장 할 수 있는 작은 것부터 시작해보자. 어느 순간 포기하고 싶은 마음이 들면 정리 습관 하나로 인생이 달라질 수 있음을 명심하고!

"지금 있는 자리에서, 가지고 있는 것으로,
할 수 있는 것을 하라!"
– 미국 26대 루스벨트 대통령

막상 실천하기는
귀찮고
우선순위에서도
밀리는
정리정돈

#02

서점에서 정리와 관련된 수많은 책을 보면서 과연 책을 읽는다고 정리 습관이 생길까 의아해한 적이 있다. 하지만 정리를 실제로 시도하고 습관화하면 알게 된다. 정리에도 기술과 노하우가 필요하다는 것을.

우리는 흔히 '정리'라고 하면 '버리는 것'부터 떠올린다. 아주 틀린 말은 아니지만, 그게 정리의 전부는 아니다. 버리고 재활용하고 줄이고 정돈하는 것이 모두 정리 범주에 속하고, 그중 버리는 게 가장 기본이 되는 것이다.

사실 버리는 것 같은 단순한 행위도 그리 쉬운 일은 아니다. 자기에게 이미 쓸모없는 물건 하나를 버리는 데도 수십 번의 고민과 번복이 따른다. 심지어 버렸던 물건을 다음 날 가서 다시 주워오는 경우도 있다. 예술작품에서도 채움보다 어려운 게 비움이라고 하지 않던가!

각종 자료들과 인쇄물이 널브러져 있는 책상 위, 철 지난 영수증과 언제 받았는지 기억도 없는 여러 카페의 쿠폰더미들, 유효기간이 한참 지난 화장품 등 서랍을 열어보면 쓸데없는 물건더미가 꽤 있을 것이다. 심리학자들은 그 이유를 인간의 두려움 때문이라고 해석한다. 그동안 정든 물건을 버리면 그 물건에 담긴 추억과 기억까지도 사라져버리지 않을까 하는 두려움이 있기 때문이라는 것이다. 그러한 두려움이 지나쳐 저장 강박장애까지 겪는 사람들이 있는데, 이들을 일컬어 '호더스Hoarders'라고 한다.

막상 마음먹고 버릴 것을 다 처분했다고 해도 정리가 완성되는 건 아니다. 이제 '정돈' 개념의 정리가 뒤따라야 한다. 정리정돈을 하면 환경이 쾌적하고 좋아진다는 것을 알면서도 막상 실천하려면 어렵다. 그동안의 습관 때문이다.

사원 | 과장님, 박스 테이프 어디 있는지 아세요?

과장 | 그러니까 쓰고 늘 제자리에 놔두라고 했잖아!

사원 | 제자리에 놔두긴 했는데, 그 제자리가 어딘지를 모르겠어요!

과장 | 자~ 여기가 박스 테이프의 제자리야! 알았나?

다음엔 못 찾을 이유가 없겠지?

자주 사용하는 물건에 '지정석을 부여'하는 게 정리의 기본이다. 그런데 물건의 제자리를 정해두어도 정리 습관이 부족한 사람은 다음번에 또 물건을 찾느라 허둥댄다. 정리정돈이 잘되어 있으면 편하다는 건 알지만 실천하는 것은 귀찮고 힘든 일이다. 그러나 귀찮고 힘들다고 자꾸 회피하면 절대로 습관이 될 수 없다. 습관은 자꾸 길들이는 것이 가장 중요하다.

습관習慣은 어린 새가 날갯짓羽을 연습하고 매일 반복해 마음心에 꿰인貫 듯 익숙해진 것을 말한다. 어떤 특정한 행동이 습관이 되려면 얼마나 반복해야 하는 걸까? 영국 런던 대학교의 필리파 제인 랠리 교수는 '습관은 어떻게 형성되는가(How are habits formed; Modeling habit formation in the real world)'라는 실험을 통해 참가자에게 몇 가지 정해진 행동을 되풀이시킨 다음 자신의 반복 행동으로 굳어지는 과정을 살펴보면서 습관이 형성되는 데 얼마나 걸리는지를 조사했다. 이때 특정 행동을 하지 않을 때 불편함을 느낄 경우 습관이 형성된 것으로 판단했다. 그렇다면 습관을 바꾸는 데는 얼마나 시간이 걸렸을까? 연구 결과 습관이 온전히 사람의 몸에 정착되는 시간은 평균 66일이었다. 2개월 정도를 꾸준히 행동하면 그것이 바로 습관이 되는 것이다.

마음과 달리 쉽게 실천하지 못하는 정리를 습관화하려면 얼마나 노력해야 하는지 알 수 있는 대목이다. 정리 습관을 들이려면 일단 2개월을 꾸준히 노력해야 한다. 야신野神, 즉 '야구의 신'으로 불리는 김성근 감독의 인터뷰 기사(조선일보, 2013년 4월 24일) 중 습관에 대한 내용이 있다.

삼성전자 강의를 갔더니 화장실에 '성공한 사람은 좋은 습관을 갖고 있다'는 말이 붙어 있더라. 습관을 바꾸겠다고 덤비는 것은 엉터리다. 먼저 생각을 바꾸고 다음에 행동을 바꿔야 습관이 바뀐다. 생각을 바꾸는 것이 제일 먼저다. 이건 야구나 기업이나 마찬가지다.

정리 습관 역시 마찬가지다. 정리를 하겠다고 하루아침에 정리 습관이 생기는 건 아니다. '나에게 정리가 필요하다'라는 생각과 간절한 마음이 먼저 자리 잡혀야 그 다음에 습관으로 발전하는 것이다. 2개월의 시간도 중요하지만 습관화하려 행동하기에 앞서 가장 중요한 것은 '마음먹기'다. 생각이 행동을 낳고, 그 행동이 반복되면서 습관이 되는 것이다. 처음에는 내가 습관을 만들지만 결국에는 습관이 나 자신을 만드는 것이다.

생각을 조심하라. 말이 된다.
말을 조심하라. 행동이 된다.
행동을 조심하라. 성격이 된다.
성격을 조심하라. 운명이 된다.
그리고 우리의 운명은 생각대로 된다.
– 영화 〈철의 여인The Iron Lady〉 중에서

삼원정공의 정리 운동 사례

스프링 제조전문업체인 삼원정공은 1980년 기업혁신운동으로 5S 운동을 전개했다. 삼원정공 임원이 일본 공장을 견학하며 배운 도요타 방식의 5S 운동을 벤치마킹한 것이다. 1970년대 일본에서는 오류와 결함, 작업장 재해, 낭비를 제거하는 활동을 벌였는데 그것이 바로 5S 프로그램이다. 일본어로 '세(S)' 발음이 들어가기 때문에 붙여진 5S는 기본을 다시 생각하자는 마음가짐에서 출발하게 된 운동이다.

일본의 5S 운동

■ 세이리(Seiri 整理, 정리)

필요 품목과 불필요 품목을 구분하고 불필요 품목을 제거하는 활동이다. 쓸데없는 것, 급하지 않은 것, 사용 빈도가 낮은 것을 불필요 품목으로 정해 정리를 하게 된다.

- 세이톤(Seiton 整頓, 정돈)

  필요한 것을 사용하기 쉽게 필요한 장소에 배치해서 누구나 손쉽게 찾을 수 있도록 정돈하는 활동이다.

- 세이소우(Seisou 淸掃, 청소)

  먼지나 오염물을 제거해 쾌적한 작업 환경을 구축하고, 제조설비를 쓸고 닦으면서 결함을 발견해 고치는 활동이다.

- 세이케추(Seiketu 淸潔, 청결)

  정리, 정돈, 청소된 깨끗한 상태를 지속적으로 유지하고 관리하는 활동이다.

- 시추케(Shitsuke, 習慣化 마음가짐)

  정리, 정돈, 청소, 청결 등을 규칙적인 행동으로 옮겨 준수하고 습관화하는 활동이다.

삼원정공도 전 직원이 자발적으로 5S 운동에 참여, 전개하면서 습관화, 체질화해 좀 더 편안하고 깨끗한 작업 환경을 만들었다. 당시 삼성그룹 이건희 회장이 삼원정공을 배우라는 지시에 더욱 화제가 된 회사이기도 하다. 지금도 삼원정공 회사 홈페이지에 들어가 보면 회사 견학요청과 혁신운동 벤치마킹 요청이 게시판에 쇄도하고 있

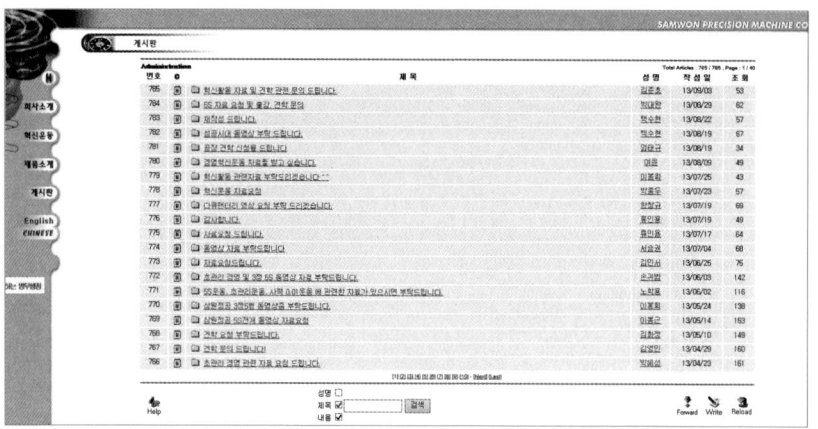

삼원정공 홈페이지 화면

음을 확인할 수 있다.

삼원정공의 5S 운동 항목을 하나하나 읽어보면 전혀 새롭거나 어려운 것이 아니다. "필요한 것만 놔두고 버릴 건 내놔라!", "물건 쓰고 늘 제자리에 놔둬라!", "네 방은 스스로 깨끗하게 청소해라" 등과 같이 우리가 부모님에게 매번 들었던 내용이 여기에 모두 포함되어 있다. 정리의 기본 중에 기본인 다섯 가지만 모아둔 것이다. 그 다섯 가지만 잘해도 정리의 달인이 되는데 우리는 알면서도 쉽게 실천하지 못하고 있는 것이다.

삼원정공 5S 운동

- 정리: 필요한 것, 불필요한 것 분리

- 정돈: 정위치에 바르게

- 청소: 깨끗하게 소제

- 청결: 맑고 깨끗하게 유지

- 예절: 예의범절을 바르게

5S 운동과 더불어 많은 회사들이 '3정^{定} 운동'도 혁신활동의 일환으로 추진하기도 한다. 정확하고 올바른 물건을 사용해 작업하는 정품^{定品}, 필요한 양을 정확하게 확보하고 작업에도 정확한 양을 사용하는 정량^{定量}, 각 물건을 정확한 위치에 보관해 알기 쉽고 찾기 쉽도록 정리하는 정위치^{定位置}가 바로 그것이다. 생산 공정이 있는 회사에서는 명칭만 다를 뿐 이와 비슷한 활동을 대부분 하고 있다. 그 활동이 직원들에게 습관화되었느냐 아니냐가 관건이다. 이 모든 활동의 시작이 바로 정리정돈이다.

몇 년 전 삼성물산 건설부문, 삼성중공업 건설부문, 삼성엔지니어링, 에버랜드 등 삼성그룹의 건설과 관련한 회사 네 곳이 공동으로 '건설현장 10대 안전수칙' 선포식을 가졌다. 최근 3년간 발생한 안전사고를 분석해 공사현장에서 작업자들이 반드시 지켜야 하는 안전사항을 정리해서 수칙으로 정한 것이다. 10대 안전수칙은 반드시 준수해야 할 일 '5행行'과 절대 금지해야 할 일 '5금禁'으로 구성되어 있다. '또 안전 수칙이야!'라고 투덜대는 사람도 있고 새로운 것 없는 가장 기본적인 규칙들이지만, 안전에 관한 구체적인 사항을 눈에 띄게 정리해두는 것만으로 현장 직원들은 마음을 다시 한 번 다지게 된다.

5행行

- 안전조회 참석
- 지정된 통로 이용
- 고소高所 작업할 때 안전벨트 사용
- 규정 작업발판 사용
- 작업 전후 정리정돈

5금禁

- 안전시설물, 안전장치 해체 금지
- 통제구역 출입 금지
- 양중용揚重用 장비(크레인) 탑승 금지
- 상·하동 시 작업 금지
- 미승인 화기 작업 금지

왜
정리
하는가

정리를 잘하면
일하기 훨씬
편해지고
일을 더
잘할 수 있다

#03

1931년 영국에서 설립된 철제 캐비닛 전문업체 비슬리^{Bisley}는 지금까지 80여 년 동안 전 세계의 사랑을 받고 있다. 특히 사무용 가구에 실용성뿐만 아니라 독창적인 디자인과 컬러를 더해 더욱 유명해졌다.

이 회사의 광고를 보면 무언가 어질러져 있는 걸 정리정돈해주겠다는 강한 의지를 느낄 수 있어 재미있다. 복잡하게 얽혀 있는 지하철 노선표, 어지러운 바코드 등을 차곡차곡 분류하고 정리해 서랍에 넣으면 금방 정돈될 것 같은, 단순하고 간결한 메시지를 전달하는 광고다. 비슬리의 가구를 사용하면 완벽하게 정리정돈된 사무공간이 될 것 같은 착각에 빠질 정도다. 광고의 아이디어가 재미있고 메시지가 분명해 비슬리의 광고를 보면 정리정돈을 하고 싶은 욕구가 마구 샘솟는다.

정리정돈은 우리에게 긍정적인 선입견을 갖게 해준다. 음식점이

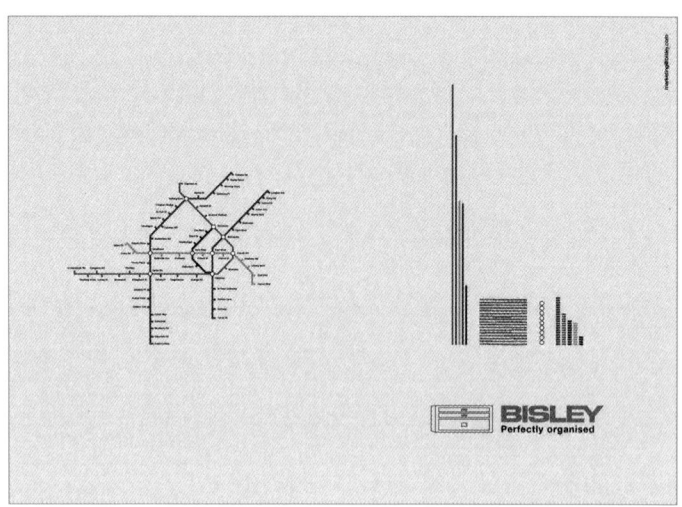

비슬리 광고

나 상점을 방문했을 때 입구부터 깨끗하게 정리되어 있고, 모든 종업원이 단정한 차림을 하고 있다면 신뢰지수가 높아진다. 음식점이라면 먹어보기도 전에 음식에 대한 기대심리 역시 높아진다. 반대로 정리가 잘 안 되어 있으면 왠지 모를 실망감이나 불안감이 든다. 이것이 바로 정리정돈의 영향력이다. 물론 유명한 맛집 중에는 허름하고 어수선한 곳도 있다. 하지만 대부분의 맛집은 규모가 크지 않더라도 뭔가 정리되어 있는 느낌을 가진 곳이 많다. 보기 좋은 음식이 먹기도 좋다고 깔끔하고 정갈하게 담겨져 나온 음식에 손이 더 가게 마련이다.

정리의 영향력은 회사에서도 마찬가지다. 정리정돈이 잘되어 있는 사람, 그리고 업무 보고를 할 때도 체계적으로 정리해오는 사람이 일 처리 능력도 뛰어나다. 반면 책상 정리가 안 되어 있는 사람은 산만해 보일 수 있다. 산더미같이 쌓인 서류더미 속에서 일하는 사람의 업무 속도는 절대 빠르지 않을 거라는 편견도 갖게 된다.

쾌적하게 정리된 책상이나 업무 공간은 효율적인 업무 준비의 출발점이다. 실제로 한 취업 포털사이트가 입사 3년차 이상 직장인을 대상으로 꼴불견 직장인 유형을 조사한 결과 '책상 정리 등 업무 환경이 지저분한 사원'을 꼽은 사람이 무려 15.9퍼센트나 되었다. 정리정돈된 환경은 긍정적인 첫인상의 필수요소이자 신뢰감을 줄 수 있는 가장 쉬운 방법이다.

그렇다면 정리를 잘하면 과연 일을 더 잘할 수 있을까? 대답은 당연히 '예스Yes'다.

사무실에서 온종일 컴퓨터로 업무를 보는 김 대리. 아침에 출근하자마자 컴퓨터를 켜기 시작해서 저녁 퇴근 때까지 컴퓨터를 켜놓고 일한다. 출근 직후 뉴스도 보고 메일도 확인하느라 인터넷 창을 2~3개 열어두었다. 온라인 쇼핑몰에서 주문하느라 결제 창을 열어놓고, 포토샵으로 사진 작업을 했다. 점심시간에 온라인 게임도 즐기고 동영상을 보느라 미디어플레이어도 켰다. 오후에 급한 보고서를 쓰느라 워드프로세서를 열어놓고 작업하고 있다.

이처럼 컴퓨터에 갖가지 프로그램이나 여러 개의 인터넷 창을 열어둔 채 일을 하면 얼마 못 가 컴퓨터 속도가 느려진다. 메모리RAM에 과부하가 걸리면서 속도가 늦어지거나 간혹 컴퓨터가 멈춰버리기도 한다. 이러한 현상은 사용하는 프로그램을 정리해주면 해소된다. 스마트폰도 마찬가지다. 어플리케이션을 많이 구동하면 속도가 느려지고 자동으로 종료되는 경우도 있다. 스마트폰도 컴퓨터와 마찬가지로 구동 프로그램을 종료시켜주면 한결 속도가 빨라진다.

컴퓨터나 스마트폰은 멀티태스킹으로 업무 처리를 하기 때문에 만능처럼 보인다. 하지만 그런 디지털 기기도 오랫동안 잘 사용하려면 정리가 필요하다. 사람도 마찬가지다. 복잡한 주변 공간이나 생각을 정리하면 그만큼 쾌적한 업무 처리를 할 수 있고, 더 나은 퍼포먼스를 낼 수 있으며, 창의력도 늘어난다.

삼성에 근무하는 직원들을 대상으로 설문조사(삼성 임직원 사내포털 '미디어 삼성' 기사 참고)를 실시한 결과, '사무실 책상 상태와 업무 효율은 관련이 있으며 정리정돈이 업무하는 데 도움이 된다'는 답변이 72퍼센트를 넘었다. 생산 라인에서 일을 하거나 영업직과 같이 외근이 잦은 경우를 제외하고는 직장인들이 대부분의 시간을 보내는 장소가 사무실이고, 그중 책상에 앉아 있는 시간이 가장 많다. 그러다 보니 책상은 업무 환경에서 매우 중요하다. 사용하던 물건이 제자리에 없으면 불편함을 느끼는 '정리 편집증'도 곤란하지만, 늘 물건을 찾아 여기저기를 뒤적이는 사람은 더 꼴불견이다.

정리는 단지 잘 버리고 깔끔하게 수납했다고 끝난 게 아니다. 정리정돈된 상태가 일하는 데 효율적이어야 한다. 물론 잘 정리된 환경이 효율을 가져다준다.

불필요한 물건들이 정리정돈 안 된 상태일수록 불필요한 생각도 많아지게 마련이다. 서류를 찾는 데 시간이 오래 걸리고 정리 안 된 책상을 보는 것만으로도 피로감을 느낄 수 있다. 그런데 책상만 정리해도 마음이 가벼워지고 퍼포먼스 또한 몰라보게 달라진다. 물론 물건을 줄이면 줄일수록 손해 보는 듯한 기분이 들 수도 있다. 하지만 한층 넓어진 공간을 얻게 된다는 사실도 잊지 말아야 한다.

5S운동이나 정리정돈 생활화는 자칫하면 청소 활동이나 구舊시대의 경영 기법으로 폄하될 수도 있다. 하지만 이런 활동은 실제로 현장을 개선하는 가장 기본이 되는 활동이다. 작업 효율을 높여줄 뿐만 아니라, 직원들에게 쾌적한 휴식을 제공함으로써 재충전의 효과도 있다.

생산 공정을 가동 중인 삼성의 한 계열사는 '현장 15분 정리 활

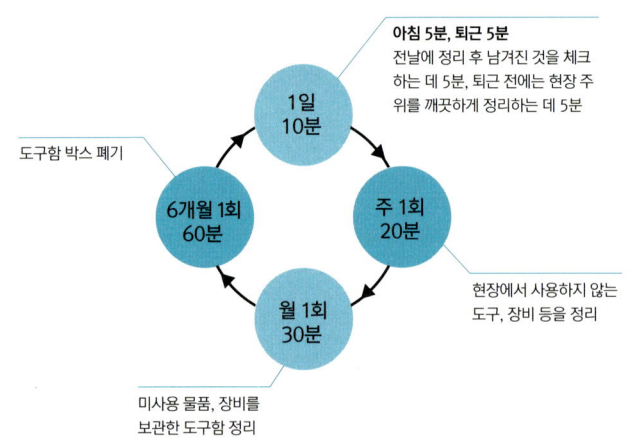

동'을 벌여나간다. 매일같이 작업이 끝난 후 청소와 정돈이 필요한 부분을 이야기하면서 노하우를 공유하는 것이다. 정기적으로 뒷정리를 잘한 직원을 칭찬하는 시간도 갖는다. 또한 일 단위, 주 단위, 월 단위로 정리정돈 활동을 표준화해 주기적으로 공간을 정리하고 있다.

삼성의 정리 습관

1980년대 초반, 1차 오일쇼크로 가전 불황이 왔을 때 불량 문제가 크게 이슈화된 적이 있다. 당시 이건희 회장은 수원역에서부터 버스를 타고 담당 직원들과 함께 들어와 엉망진창인 화장실과 라인을 박살 낸 적이 있다. 라인은 물론이고 화장실, 식당 등 사원들의 작업 환경이 깨끗해야 하고, 그렇지 않은 환경에선 절대로 좋은 품질이 나오지 않는다는 게 이 회장의 지론이었다. 이 회장은 일본에서 오래 살아서인지 정리정돈과 청결이 몸에 배어 있었다. 이전까지는 생산량에만 급급했지 그런 일(정리정돈·청결)에는 관심조차 없었다.

– 손욱(전 삼성종합기술원장)의 '혁신 경영 이야기'(한국경제매거진, 2011년 8월 10일) 중에서

왜
정리
하는가

정리의
기준과 원칙이
정확해야만
효과가 커진다

#04

회사에서 사무공간을 이동하는 일은 생각보다 자주 일어난다. 조직 개편을 해서 팀이 바뀌거나 파견근무 등으로 근무지를 옮길 때가 그러한데, 이때 사람들은 필요 없는 짐을 버리게 된다. '이번에는 자리를 옮기면서 필요 없는 짐을 다 정리해야지!'라고 생각하면서 많은 양의 짐을 줄이지만, 얼마 후 그 사람의 자리를 보면 새로운 짐이 또 늘어나 있다. 다시 자리를 옮기기 위해 또 정리를 해도 예전과 비교해 짐이 크게 줄어들지는 않는다. 이른바 우리가 우스갯소리로 말하는 '짐 총량 불변의 법칙'이다.

이상하게 아무리 줄이려고 해도 개인 물건은 총량 불변의 법칙이 적용된다. 이젠 쓸모없다고 생각해서 한 보따리를 버려도 얼마 안 있어 다시 그만큼의 짐이 늘어나 있다. 버릴 것은 과감하게 버리고 정리를 해야 한다. 물론 무엇을 버릴지 결정하는 것도 기준이 필요하다. 정리도 '기준과 원칙'이 정확해야만 효과가 커진다.

버릴 것인가, 아니면 다른 사람에게 줄 것인가, 그도 아니면 재분
류해 정리할 것인가? 이것이 바로 김 대리의 깨끗하고 정돈된 책
상의 비결이다. 김 대리는 물건뿐만 아니라 업무에 대해서도 이
와 같은 기준을 그대로 적용한다. 김 대리의 분류 기준은 명확하
다. '버리기, 다른 사람에게 맡기기, 즉시 처리하기, 재분류해 지
시하기'가 바로 그것이다.

  물건 정리를 잘하는 사람은 일처리도 야무지게 잘한다. 정리정돈
의 기본 원칙이라고 할 정도로 잘 알려진 아이젠하워식^式 정리법이
있다. 김 대리는 아이젠하워식 정리법에 따라 일 처리 기준을 정했
고, 덕분에 기존에 일을 쌓아둘 때보다 한결 일 처리 속도가 빨라지
고 효율적인 업무 처리도 가능해졌다.
  아이젠하워^{Dwight D. Eisenhower}는 제2차 세계대전에서 노르망디 상륙
작전을 성공시켜 최고의 영웅으로 평가되었고, 34대 미국 대통령
자리에까지 오른 인물이다. 그는 평소 유머감각, 탁월한 소통 능력,
뛰어난 리더십, 사안에 대한 균형감각으로 정평이 나 있었는데, 무
엇보다도 그의 가장 큰 장점은 복잡한 문제를 단순명료하게 풀어내

는 능력이었다.

아이젠하워는 대통령직을 수행하면서 어지럽고 복잡한 이슈를 단순화시키는 전략의 귀재였다. 단순화시키는 비결은 어렵거나 따라하기 힘든 비법이 아니다. 커다란 상자 4개만 있으면 된다. 상자가 없으면 그냥 책상 위의 공간을 4개의 구역으로 분류하면 된다. 테이프로 구역을 구분해도 좋다. 아이젠하워는 그의 책상 옆에 놓인 박스 안에 모든 서류를 4가지 형태로 분류했다고 한다. 그리고 당장 처리해야 할 일은 미루지 않고 바로바로 처리했다. 그 결과 그의 책상은 언제나 말끔하고 정돈이 잘되어 있었다. 책상이 어지러워지면 마음도 어지러워진다는 것을 알고 있던 그는 정리정돈에서 모든 해답을 찾았다. 그의 진정한 리더십과 소통 능력도 여기에서 비롯된 것이다.

Throw away 더 이상 필요 없으면 버려라

망설이지 않고 과감히 버릴 것을 첫 번째로 분류한다. 포기하기 아깝거나 판단하기 어려운 사안이라 하더라도 일단 박스 안에 넣으면 다시 생각하지 않는다. 머릿속에서 깨끗하게 지워버리는 것이다.

Hand over 다른 사람에게 넘겨줘라

전문가나 다른 사람에게 넘겨 해결한다. 내가 며칠을 끙끙대도 해결지 못할 사안은 해결될 확률이 적다. 혹은 나보다 다른 사람이 이 분야의 전문가일 수 있다. 잘 안 풀리는 경우 굳이 머리를 싸매지 말고 다른 사람에게 이슈를 이양하면 쉽게 풀릴 수 있는 실마리를 찾게 된다.

Right now 지금 당장 처리하라

대부분의 사람들에게 가장 중요한 분류함으로, 이는 지금 당장 해야 하는 급하거나 중요한 일이다. 버리거나 남에게 넘기지 못하는 이런 업무는 대부분 내가 해야 하는 일이다. 분류와 함께 언제 어떻게 진행해야 하는지 철저한 준비도 필요하다. 당장 해야 하는 일인 만큼 미뤄서는 절대 안 된다.

Order 지시할 수 있는 업무는 지시하라

다른 사람에게 지시하거나 순서대로 해야 할 일을 분류한다.
그리고 그의 책상 모퉁이에는 이렇게 적혀 있다.

Worry a Problem out 4가지 법칙에 따라 모든 문제를 고심해서 풀어나갈 것

위의 다섯 가지 법칙의 머릿글자를 따서 'THROW 법칙'이라 한다. 아이젠하워는 아무리 어렵고 복잡한 사안도 THROW 법칙에 대입해서 풀어나가면 아무런 문제가 없다고 생각했다. THROW 법칙은 아이젠하워가 평생 반복한 대표적인 업무 습관이었다. 모든 문제는 이 5단계만 거치면 바로 해결된다고 믿었고, 또한 그렇게 모든 일을 실천했다. 이처럼 아이젠하워는 시간과 업무 처리에 있어 최대한 효율적인 전략을 구사했다. 나중에 그의 이름을 붙인 '아이젠하워의 THROW 법칙'은 미국 대통령의 업무 매뉴얼로 정착되었으며, 지금도 어지럽고 복잡한 상태를 단순하게 정리정돈하는 방법을 의미하는 대표적인 단어로 사용되고 있다.

규칙적으로 하는 일의 통상적인 순서와 방법을 우리는 '루틴Routine'이라고 부른다. 프로 스포츠 선수들에게는 루틴이 아주 중요하다. 대부분의 선수들은 각자의 루틴을 갖고 있다. 야구선수는 볼 하나하나에 자기만의 루틴이 있다. 투수는 마운드에 발을 올려놓고 항상하는 손동작이 바로 루틴이고, 타자는 타석에 들어서 방망이를 겨드랑이에 끼고 장갑을 다시 조인 후 헬멧을 고쳐 쓰는 게 자기만의 루틴이다. 골프선수 역시 프리샷 루틴Pre-Shot Routine이라고 해서 스윙하기 전 일정한 행동을 하며 루틴을 하곤 한다. 양궁 경기를 보면 선수들이 일정한 패턴의 활쏘기 준비를 하는 것을 볼 수 있다. 우리가 잘

아는 수영선수 박태환은 경기 시작 전에 늘 헤드폰을 끼고 음악을 듣는다.

왜 사람들은 각자 자기만의 루틴을 갖는 것일까? 연구 결과에 따르면 루틴은 불안감 조절, 집중력 향상, 자신감 향상에 큰 도움을 준다고 한다. 심리적으로 흔들리거나 평소 같지 않은 컨디션일 때 원래의 상태로 빠르게 회복시켜주는 효과가 있다. 그리고 무엇보다도 중요한 것은 자신감 향상이다. '내가 이 공을 때릴 수 있다' 혹은 '내가 과녁의 정중앙으로 화살을 보낼 수 있다'는 보이지 않는 자신감이 결과로 나타나는 것이다. 좋은 루틴은 성공을 부르는 일종의 습관이다.

"나는 매샷 똑같은 루틴을 반복한다. 아버지와 잭 니클라우스한테 배운 '루틴 지키기'야말로 어떤 상황에서도 평상심을 잃지 않고 위축된 보습을 보이지 않는 길이다."
– 골프선수 타이거 우즈

아이젠하워에게 복잡한 사안을 풀어나가기 전의 '루틴'은 바로 4가지 법칙에 의해 생각하고 나누는 것이다. 직장인 역시 일정한 루틴을 매일 반복하고 있다. 아침에 출근해서 PC를 켜고 메일을 확인하고 일정을 점검한다. 그 전에 따뜻한 차 한 잔을 항상 책상에 먼저 갖다놓고 업무 준비를 하는 것, 이것이 루틴이다. 일을 잘하려면 이러한 루틴을 좋은 방향으로 관리해줘야 한다. 업무에 있어서 반복되는 루틴을 정리해주는 습관, 그것이 바로 직장인의 집중력과 자신감을 높여주는 지름길이다.

직장인의 정리상태 점검

물건 · 공간에 대한 정리상태 체크리스트 (5개 이상이면 정리습관이 필요함)

☐ 물건이나 공간이 흐트러져 있어도 불편한 마음이 들지 않는다.

☐ 마음먹고 정리하려고 해도 어떤 것부터 해야 할지 모르겠다.

☐ 언젠가 필요할 거라고 생각해서 물건을 잘 버리지 않는다.

☐ 책상 서랍에 구입해두고도 사용하지 않아 방치된 물건이 꽤 있다.

☐ 막상 필요한 물건을 찾으려고 하면 제때 찾지 못할 때가 많다.

☐ 사무실에서 자리 이동이 있으면 동료들에 비해 옮겨야 할 짐이 많다.

☐ 주어진 서랍이나 책상 공간에 물건 넣을 공간이 부족하다.

☐ 책상 위나 컴퓨터는 거의 청소하지 않고 사용한다.

☐ 주변 동료들로부터 정리 좀 하라는 소리를 자주 듣는다.

☐ 정리정돈하는 시간이 다른 시간에 비해 아깝다는 생각이 든다.

단순하게 살아라

《단순하게 살아라Simplify your life》의 저자 베르너 티키 퀴스텐마허는 다양한 연구를 통해 '삶의 단순화'와 관련된 7단계 피라미드형 모델을 개발했는데, 그중 자신의 물건들을 정리정돈하는 단계(Step 1. Simplify your things)가 첫 번째다. 그리고 책상 서랍이나 옷장 등에 놓여 있는 자기 물건들을 단순화시키지 않으면 상위 6단계(재정, 시간, 건강, 대인관계, 파트너십, 자신)의 단순화 작업에 한계가 발생한다고 강조한다. 그가 단순화의 방법으로 제안한 3가지 예시는 다음과 같다.

① 30초 원칙

평소에 일을 끝까지 마무리하지 못하는 사람들을 위한 원칙이다. 윗옷을 옷장에 걸어두는 데 20초밖에 걸리지 않으며, 방을 청소하는 데는 4분이면 충분하고, 와이셔츠를 다리는 데는 3분이면 된다. 눈에 보이는 대로 일을 바로바로 해치우는 원칙을 세우면 사무실이나 집이 훨씬 정돈되며 심리 상태도 상쾌해질 것이다.

② 1:3 폐기 원칙

정보가 꾸준히 불어나는 바인더에서 필요한 것을 찾을 때마다 낡은 정보를 3개씩 없앤다. 서류철은 얇아지고 정신적 부담은 줄어들며 시간은 절약된다.

③ 4분의 3 원칙

물건이 120퍼센트로 넘칠 때가 아니라 75퍼센트 정도가 되었을 때 미리 짐을 덜어낼 준비를 한다. 예를 들어 사무실 서랍에도 최고 75퍼센트까지만 물건을 채우고 편리하게 사용한다.

왜
정리
하는가

물건이나
공간뿐 아니라
시간, 인맥, 정보,
모든 것을 정리하라

#05

지금까지는 '정리' 하면 가장 먼저 떠올리는 '공간 정리'에 대해서 살펴보았다. 그러나 진정한 정리는 물건이나 공간에만 국한된 게 아니다. 오히려 물건은 마음만 먹으면 언제든 정리할 수 있다. 공간 역시 마찬가지다. 문제는 아무리 노력해도 정리가 잘되지 않는 것들이 있는데 바로 시간, 인맥, 정보 등이다. 이런 것들은 눈에 잘 보이지 않는데다 막연해서 어렵게 느껴진다.

시간 정리

다이어리를 보니 할 일도 많고 만나야 할 사람도 한두 명이 아니다. 그럴 경우 일정과 할 일을 단순화시킬 필요가 있다. 직장생활을 하다 보면 출근해서 퇴근까지 하루가 눈 깜짝할 사이에 지나가버리기 일쑤고, 할 일은 산더미처럼 쌓여 있는데 시간은 늘 모자란다. 회사에서 같은 일을 하는데도 누군가는 여유로운 반면 누군가는 시간이 없어 미치겠다고 말한다. 왜 그럴까? 시간은 상대적인 것이다. 60분을 한 시간 그대로 활용하는 사람이 있는가 하면, 똑같은 60분을 10분처럼 허비해버리는 사람도 있기 때문이다.

시간관리는 사람의 에너지를 효율적으로 바꿔주는 방법이기도 하다. 특히 촌각을 다투는 생산현장에서는 한 사람의 1시간 노동량을 맨아워M/H, Man Hour라고 부르는데, 직원이 하는 일을 이러한 맨아워의 시간 단위로 시스템에 입력하는 회사도 있다. 작업현장에서는 시간이 곧 돈이고, 그 회사의 매출이나 이익과 직결되기 때문이다. 즉 직장인의 성과는 시간에서 시작된다고 해도 과언이 아니다.

시간 정리에도 구조조정이 필요하다. 선택과 집중은 사업에만 해당하는 말이 아니다. 자신의 시간도 선택과 집중을 해야 한다. 한정된 시간에 모든 걸 다 할 수는 없다. 그렇다고 해야 될 일을 무작정 미룰 수도 없다. 중요도와 긴급도를 고려해 우선순위를 정하는 것은 기본이다. 어떤 업무에 시간을 빼앗기고 있는지 파악하는 것도 필요하다. 회의나 긴급업무처럼 본인의 의지가 아닌 일의 경우 조정하기 어렵겠지만, 시간을 빼앗기는 원인이 자신에게 있다면 바로 고쳐야 한다.

시간이 없다고 투덜대는 사람들의 절반은 스스로 시간을 허비하고 있는 경우가 많다. 시간이 아까우면 시간을 만들어내야 한다. 일을 할 때 미루지 못하도록 데드라인을 분명히 정하고, 예상 소요시간을 계산해두면 '시간을 만드는 작업'이 한결 수월해진다. 이 경우 스케줄을 거꾸로 계산해보면 할 일이 더욱 명확해진다.

하지만 시간 정리에서도 쉼표는 필요하다. 다이어리에 일정이 빽빽한 직장인에게 필요한 것은 휴식이다. 이런 사람들은 다이어리 일정표에 빈 공간이 있으면 약속을 잊어버린 게 아닌가 오히려 불안해한다. 정신과에서는 이를 '여백 증후군'이라고 부른다. 불필요한 일에 시간을 쓰는 바람에 시간 낭비를 하는 사람도 문제지만, 휴식이나 여유를 갖지 못하는 사람 역시 시간관리에 실패한 셈이다. 이런 사람들은 가끔은 모든 걸 내려놓고 느리고 단순하게 마음의 안정을 가질 필요가 있다.

인맥 정리

산의 깊이를 짐작하게 하는 것은 산맥山脈이고, 사람의 깊이와 됨됨이를 알게 해주는 것은 인맥人脈이다. 사회생활을 하면서 다른 사람들을 만나고 그들과 정보를 주고받다 보면 교류의 폭이 넓어진다. 예전에는 금을 캐는 금맥이 중요했지만 지금은 인맥이 곧 금맥金脈이다. 따라서 인맥을 파악하고 관리하는 것은 금을 캐는 것보다 더 값어치가 있는 일이다. 하지만 시간 정리 못지않게 인맥 정리도 스마트하게 하지 않으면, 금맥을 발견했다고 해도 금을 제대로 캐지 못하는 상황이 된다.

자기 자신에게 필요한 인맥을 선택하고, 그 인맥을 분류하는 것이 인맥 관리의 기본이다. 그러나 아무 생각 없이 무조건 인맥을 넓힌다고 자기에게 도움이 되는 것은 아니다. 많은 사람과 인맥을 넓히는 것보다는 자신에게 꼭 필요한 인맥에 집중하는 것이 필요하다. 그래야만 지속적인 교류 효과를 얻을 수 있다.

요즘은 직접 대면한 인맥 못지않게 소셜미디어를 통한 SNS^{Social network service} 인맥도 무시하지 못한다. 시대의 변화에 따라 한 번도 본적 없는 SNS 인맥이 큰 도움이 되는가 하면, 무심결에 내뱉은 한 마디 때문에 큰 파문이 일기도 한다. SNS로 '이미지^{Image}'를 형성하기도 쉽지만 그만큼 '데미지^{Damage}'를 얻기도 쉽다.

인간관계 때문에 스트레스를 받고 슬럼프에 빠지는 사람들도 있다. 직장생활에서 감정 관리에 가장 많이 영향을 미치는 건 업무가 아니라 인간관계다. 사람과의 관계 때문에 울고 웃는 곳이 바로 회사다. 다른 사람들로부터 나쁜 평판을 받지 않으려면 평소 남 탓 하지 말고 대신 대인관계에 신경을 써야 할 것이다.

정보 정리

공간, 시간, 인간이라는 3간(間)에 더해 요즘은 자신이 가진 '정보'를 잘 관리해야 한다. 정보란 아무리 많아도 활용하지 않으면 쓰레기일 뿐이다. 컴퓨터 어느 폴더에 무슨 정보가 있는지도 잘 모르고, 파일 이름을 정확하게 입력해두지 않아 아무리 검색해도 찾을 수가 없다고 생각해보자. 정말 답답하지 않을까? 평소 하던 업무를 프로세스화해 정보로 만들어두지 않으면 이런 문제는 언제든 생길 수 있다.

요즘은 정보 과잉공급 시대라고 해도 과언이 아니다. 한 곳에 머무르면서 신문이나 인터넷을 통해 접하던 정보를 이제는 스마트폰을 통해 이동하면서 바로바로 접할 수 있다. 그러다 보니 정보가 없어서 모르는 경우는 거의 없다. 오히려 정보가 너무 많아 자신에게 필요한 정보를 취사 선택하는 과정이 더 어려워졌다. 그렇기 때문에 정보도 정리가 필요하다.

지식 정보의 주기가 점점 짧아지면서 오래된 정보는 그 가치가 점점 떨어진다. 따라서 지난 정보는 과감하게 버리는 게 좋다. 또한 정보를 무분별하게 받아들이다 보면 어느 순간 심한 압박감을 느끼게 된다. 무엇이든 검색만 하면 수많은 정보가 쏟아지는 세상에서 사람들은 더 쉽게 스트레스와 피로감을 느낀다. 바로 '정보피로증후군'이다. 이 증후군에 걸리면 분별 능력이 마비되거나 불안감을 느끼고, 심하면 책임을 전가하는 등 심한 스트레스를 받는다.

정보화 사회에서 정보 보안이 얼마나 중요한지는 언급할 필요조차 없다. 그런데 사실 철저한 보안 시스템을 갖추는 것보다 구성원들이 정리정돈을 잘하는 것만으로 회사의 보안 수준은 45퍼센트 이상 높아진다고 한다. 개인의 컴퓨터, 책상, 서랍 등의 잠금장치를 철저히 하고, 문서를 최소화하거나 문서를 정리하다 보면 저절로 보안이 되는 것이다. 이처럼 회사에서의 정보 정리는 가장 기본적인 업무이지만 크게는 정보 보안까지 해주기 때문에 직장인이라면 매사 정리정돈에 더 신경 써야 할 것이다.

왜
정리
하는가

이것들을
어떻게
정리할 것인가

06

곳간에서 인심 나듯이 Time시간, Human인간관계, Information정보, Space공간가 잘 정리정돈된 상태에서는 창의성, 집중력, 문제해결 능력도 높아진다. 업무에서 THIS이것 정리가 얼마나 중요한지는 충분히 알게 되었을 것이다.

그렇다면 정리정돈을 하는 판단의 기준은 무엇일까? 무엇이든 과잉인 시대에서는 무엇이 나에게 필요하고 불필요한지를 판단하는 능력이 필요하다. 정리정돈을 위한 5가지 원칙을 하나씩 살펴보자. 이 5가지 원칙은 시간, 인간관계, 정보, 공간 등에 모두 적용된다.

버려라! 그러면 더 좋은 것들로 다시 채울 수 있다. 버리지 않으면 채울 기회도 없어진다.

줄여라! 버릴 수 없다면 결코 더하지 말라. 스트레스와 업무 부팅 속도는 줄일수록 좋다.

정하라! 고민 없이 곧바로 실행에 옮길 수 있도록 원칙과 기준과 프로세스를 정해두라.

나눠라! 한군데 무조건 몰아두는 것이 정리가 아니다. 적절하게 분산하는 것이 필요하다.

바꿔라! 기존에 잘못된 관행이나 미흡했던 업무 습관은 좋은 방향으로 바로잡아야 한다.

어떻게 버리고 줄이고 정할지, 또한 무엇을 나누고 바꿀지를 지금부터 하나하나 알아보도록 하자. 물론 이 5가지 원칙에 따라 정리정돈을 '습관화'하는 게 가장 중요하고 필요하다.

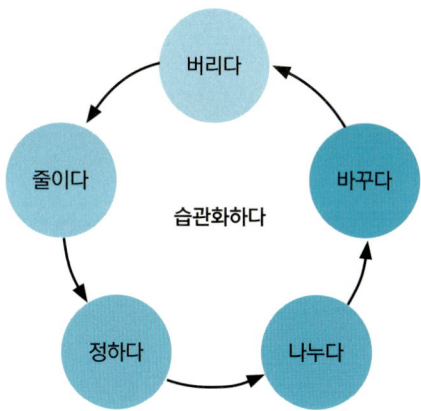

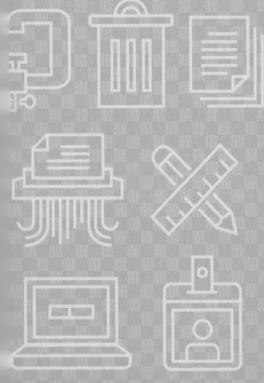

CHAPTER **2**

버리다

버려야 채울 수 있다

버리다

꽉 찬 공간에서는
새로운 에너지가
나올 수 없다

#07

한 인터넷 서비스 기업의 사무실
에 사무공간 정리 캠페인 바람이 불었다. 직원 한 명이 데이비드 알
렌이 쓴《끝도 없는 일 깔끔하게 해치우기Getting Things Done》를 읽고 아
이디어를 전파한 결과였다. 먼저 자기가 가진 사무용품을 세 가지
로 나누어 정리하자고 제안했다.

과감하게 버릴 것

필요한 사람에게 나눠줄 것

다시 깨끗하게 사용할 것

처음 직원들의 반응은 "업무도 바쁜데 무슨 정리야?" 하며 시큰
둥했다. 하지만 정리하고 나서의 만족도는 꽤 높았다. 책상과 서랍
을 비롯해 사무공간이 한순간에 깨끗해졌기 때문이다. 평소 꽉 차서

열 수도 없던 서랍은 불필요한 물건이 정리되자 제 기능을 다시 찾았다.

대부분의 직장인은 업무 일정이 바빠 '한번 마음먹고 정리해야지'라고 생각하지만 쉽게 실행하지 못한다. '따로 시간을 내서 정리해야지'라고 생각하기보다 매일 조금씩 정리하는 것도 좋은 방법이다. 오늘은 서랍 첫 번째 칸, 내일은 책상 위를 정리해야지 하는 식이다. 그리고 그 정리에서 가장 기본이 되는 것이 '버리기'다.

삼성그룹 사장단은 정기적으로 다양한 특강을 들으며 경영의 지혜를 얻는다. 경제경영 분야에 국한되지 않고 인문, 사회, 예술, 스포츠 등 그 강연의 넓이와 깊이가 상당하다. 여러 분야에 대한 CEO들의 호기심과 학구열은 자연스럽게 강의 집중도를 높여준다. 지난해 강의 중 하나가 '바둑에서 배우는 경영의 지혜'였다. 프로기사이자 바둑학과 교수인 명지대 정수현 교수에게 듣는 이 특강에서 사장단은 어려운 경영 환경을 헤쳐나가는 경영 묘수에 대한 힌트를 얻었다. 세계적인 바둑 고수들의 최고의 한 수, 그리고 다른 강자가 나타났을 때 어떤 전략을 사용하는지를 듣던 중 이런 내용이 나왔다.

바둑의 기본 전략 중 사석전법捨石戰法처럼 필요하다면 언제든 버릴 각오를 해야 한다.

'사석전법'은 나의 돌을 버려 더 큰 이득을 취하는 고급 전략이다. 작은 것을 버려 큰 것을 얻는 효과를 기대하는 것이다. 잘 버리는 것이 이렇게 큰 효과로 다시 돌아오는 것은 바둑에만 적용되는 것은 아니다. 나의 패를 베팅하는 게임이나 스포츠 경기에서도 종종 이러한 효과를 볼 수 있다. 그리고 정리 습관에서도 이 법칙은 역시 통한다.

정리의 첫 번째 단계는 버리는 것부터 시작하는 것이 좋다. 작심하고 보면 회사생활 가운데 버릴 것이 의외로 많다. 버려야 할 안 좋은 습관이나 생각들, 제도들은 뒤에서 다시 다루기로 하고, 일단 지금 바로 주변을 둘러보라. 단순하게는 사무실 서랍 속 언제 사용한 건지 기억도 나지 않는 철 지난 영수증부터 기한이 한참 지난 쿠폰, 유통기한 넘긴 약 봉투, 필요 없는 메모 쪽지, 다 쓰지도 못할 포스트잇과 넘치는 볼펜 등 쓸모없는 물건이 절반 넘게 들어 있는 경우가 흔하다.

서류더미를 봐도 마찬가지다. 문서로 남겨두긴 했지만 몇 년이 지나도 다시 들춰보지 않는 문서들이 태반이다. 항상 그렇진 않지만 회사 문서는 대부분 한번 보고 나면 다시 보지 않는 경우가 많다. 또한 폴더에 저장하지 않고 PC의 바탕화면에 파일을 저장하는 습관을 가진 사람의 PC를 보면 도무지 어디에 무엇이 있는지 찾을 수

정리되지 않은 바탕화면

없을 정도다. 어느 순간 버리려고 해도 이미 버릴 수 있는 선을 넘어 버린 것이다.

하지만 돌을 버려 더 큰 이득을 취하듯 불필요하다고 생각되면 주저 없이 버려야 한다. 버리고 정리함으로써 '효율'이라는 더 큰 효과를 얻게 되기 때문이다. 정리의 시작은 버리기에 있으며, 버리는 것은 취사선택을 통해 버릴 것과 버리지 않을 것을 분류하는 작업에서 시작된다. 그런데 정리 못하는 사람들은 '쓸 수 있는 물건'과 '쓰는 물건'을 혼동한다. 지금 사용하지 않지만 언젠가 필요할 것 같아서 보관하고 있는 물건은 말 그대로 불필요한 짐이니 버리는 게 낫다.

새 문서를 작성하려면 먼저 기존 문서를 저장해서 정리를 해야 한다. 새로운 옷을 입고 싶다면 우선 안 입는 옷부터 정리하거나 버려야 한다. 아침 출근길에 버스나 지하철은 숨도 쉬지 못할 만큼 만원일 때가 대부분이다. 책을 꺼내 들고 읽을 공간은 고사하고 몸을 움직일 공간조차 없다. 말 그대로 콩나물시루 같다. 하지만 오후 시간에는 한산해 자리에 앉아서 여유 있게 창밖을 볼 수도 있고 쾌적한 승차감을 느낄 수도 있다. 공간 정리도 이와 마찬가지다. 승객이 내리고 어느 정도의 공간이 남아 있어야만 버스가 쾌적하듯, 공간을 꽉 채우려고만 하면 만원버스가 된다. 책상 위는 더 말할 것도 없다.

산악인 엄홍길 대장은 산을 오르기 전 신발을 벗어 그 안에 작은 모래가 한 알이라도 있는지 확인한다. 혹 모래알이 발견되면 반드시 털어내고 신발 안이 깨끗한 걸 확인한 후에야 다시 등산화 끈을 묶는다. 눈에도 잘 보이지 않는 한두 개의 모래알이 대수일까 싶지만, 그렇게 하지 않으면 그는 한 발도 앞으로 나가지 않는다고 한다.

"한두 개 모래알이 굴러다니기 시작하면 온통 거기에 신경이 쓰이기 시작한다. 신경을 빼앗기면 집중을 할 수가 없다. 그렇게 되면 자칫 사고로 이어질 수 있다. 산을 올라가기 시작하면 해발 몇 천 미터에서 다시 등산화를 벗을 기회는 거의 오지 않는다. 겨우 모래 한 알 때문에 목숨을 잃을 수도 있다."

이처럼 모래알 하나에도 신경을 빼앗길 수 있다. 하물며 업무를 하는 책상이나 서랍에 온갖 잡동사니가 꽉 채워져 있다면 어떻겠는가? 꽉 찬 업무 공간에는 새로운 에너지가 채워지지 않는다. 그런 공간에서 일을 하면 자꾸만 신경이 거슬리고 짜증이 늘어난다. 모래알 하나 때문에 목숨을 잃을 수 있듯이 어지러진 공간의 어수선함 때문에 절박하고 중요한 업무를 망칠 수도 있다. 그동안 참고 넘겼던 자질구레한 물건들을 먼저 해결하라. 공간 정리의 시작은 버리기라는 사실도 잊지 마라.

정리정돈의 4단계

1. 먼저 정리의 목적을 분명히 한다.

사무실, 거실 등 정리할 공간이 무엇을 위해 사용되는 곳이며, 왜 정리를 하는지 생각해야 한다. 큰 그림을 먼저 그리면 불필요한 물건을 빠르게 정리할 수 있는 기준이 생긴다.

2. 물건을 분류한다.

스스로의 기준에 따라 버릴 것과 남길 것을 나눈다. 필요하지 않은 물건은 물론 가끔 필요하지만 중요성이 떨어지는 물건은 과감히 처분하는 것도 방법이다.

3. 불필요한 물건을 버린다.

'버림'은 정리정돈에서 가장 중요한 일이다. '언젠가 또 쓰지 않을까?'라는 생각이 드는 물건이야말로 처분 1순위!

4. 마지막으로 공간을 새롭게 구성한다.

평소 공간을 어떻게 활용해왔는지 습관을 돌이켜보고, 자주 사용하는 물건부터 눈에 잘 띄는 곳에 둔다.

- '삼성중공업 블로그' 중에서

버리다

용도가
불확실하거나
언젠가 쓰겠지
하는 물건은
과감하게 치워라

#08

일반적으로 보통 사무실의 책상은 가로세로 2미터 이내이고, 서랍의 용량은 기본 물품과 최소의 서류 정도가 들어갈 정도의 크기다. 추가로 다른 수납공간을 사용하지 않는 한 이 공간에 개인 짐을 모두 보관해야 한다. 한마디로 그리 넉넉한 공간이 아니다. 그런데도 사람들은 그 제한된 공간에 엄청난 양의 짐을 보관하고 있다. 사무실은 일을 하는 곳이다. 일하는 데 상관도 없는 물건을 수납하는 장소가 아니다.

일단 사무실의 책상과 서랍은 가급적 업무와 관련된 물건 중심으로 정리해야 한다. 직장인에게 정리 습관의 가장 큰 목적은 성과를 높이는 것이다. 성과를 높이기 위해서는 업무 속도가 빨라야 하고, 책상이나 서랍을 정리하는 목적은 업무 속도를 향상시키기 위함이다. 깔끔한 책상, 잘 정돈된 서랍은 물건을 찾는 데 불필요한 시간을 최대한 줄여주고 심리적인 안정감을 주어 업무 효율을 높여준다. 산

만한 책상과 서랍에서 물건을 찾는 데 하루 5분 정도를 허비한다고 가정해보자. 하루 5분이 쌓이면 한 달에 100분이다. 즉 일주일의 근무 시간 중 100분 이상을 물건 찾는 데 소모하게 되는 셈이다. 이는 비단 시간의 문제만이 아니라, 정신적인 스트레스와도 직결되기에 무시할 수 없다.

쓸모없는 물건을 방치하는 것은 곧 비용이다. 그렇다면 책상과 서랍 중심으로 업무 환경을 최적화하는 '정리정돈 노하우 ABCD'를 알아보자.

정리Arrangement

책상 정리를 할 때 가장 기본은 '빈도수'다. 즉 자주 사용하는 물건과 그렇지 않은 물건을 구분하는 것이다. 당연한 말처럼 들리겠지만, 사용 빈도에 따라 물건을 배치하지 않는 사람이 의외로 많다. 자주 사용하는 물건은 '보이는 곳, 손이 쉽게 닿는 곳'에 두어야 한다.

책상에서 잘 보이는 곳은 당연히 책상 위다. 즉 책상 위에는 거의 매일 사용하는 물건을 놔두는 것이 좋다. 컴퓨터와 전화기 등 기본적인 사무기기 외에 간단한 필기도구, 포스트잇이나 메모지 정도가 적당하다. 거기에 추가해 업무 특성에 따라 항상 사용하는 물건을 1~2개 정도 배치하면 효율적이다. 재무 업무를 하는 사람은 계산기를, 계약 업무를 자주 하는 사람은 인감도장과 스테이플러 정도를 놔두는 게 적당하다. 이렇게 자주 사용하는 물건은 꼭 그 물건의 '지정석'을 지정해 놔두는 것이 좋다.

묶음철Book

서류 문서를 보관할 때 단순히 출력한 순서대로 보관하면 찾아보기도 힘들고 불필요한 문서도 방치하게 된다. 기획안, 품의서, 보고서와 같이 문서 종류에 따라 구분을 하거나 시간(년/월)별로 구분해두면 쉽게 찾을 수 있다. 또는 결재완료, 결재보류, 결반려와 같이 상태에 따라 구분해두는 것이 좋다.

이처럼 구분하는 기준을 선택해서 파일 보관 바인더 색깔에 따라 묶음철을 해두면 쉽게 찾아볼 수 있다. 그리고 상시 활용하는 공통 문서 외에 1개월 내에 사용하지 않을 문서들은 컴퓨터 파일로 저장해두는 것이 좋다. 그리고 명심하라. 서랍 속에 해묵은 문서들을 보관해둔다고 해서 값어치가 올라가지는 않는다!

분류Classfication

사무용 가구 서랍장은 대부분 2단이나 3단 서랍으로 구성되어 있다. 이 서랍에 구분 없이 물건을 마구 수납하지 말고, 각 서랍을 이용 빈도나 종류에 따라 나눠 사용하는 것이 좋다.

먼저 사무용품을 자주 사용하는 빈도로 나눈다. 책상 위에는 매일 사용하는 것들을 놔두었으니 그 다음으로 자주 사용하는 물건을 첫 번째 서랍, 사용 횟수가 적은 물건은 두 번째 서랍에 넣어둔다. 필기구, 문구, 명함, 자료 등 종류에 따라 서랍 구성을 해도 활용도가 높다. 분류는 자신이 편한 기준에 따라 다양하게 나눌 수 있다. 단, 분류 기준은 단순해야 한다. 처음에는 분류해둔 것이 어색할 수 있지만 한번 자리를 찾아주면 물건들도 길을 잃지 않게 된다. 물건 찾는 데 시간을 허비하지 않으면 그만큼 물건들이 빠른 시간 안에 제 기능을 다 할 수 있다.

폐기 Disuse

사무실 서랍을 열어보라. 몇 달간 혹은 몇 년 동안 사용하지 않은 물건이 들어 있지 않은가? '이건 언젠가 쓸모가 있을지 몰라!' 하며 모아둔 물건은 없는가? 책상과 서랍 속에 있던 물건을 모두 꺼내 나열하고 정리해보자. 아마도 반드시 보관하고 수납해야 하는 물건은 절반 정도이고, 나머지는 앞으로도 계속 필요 없거나 버려도 되는 것들일 가능성이 크다. 그렇다면 지금부터 나열된 물건에 대해 몇 가지 질문을 던져보고 버릴지 말지를 결정해보자.

Q. 3개월 이내에 사용한 적이 있거나, 사용할 계획이 있는가?

A. 없다면 버려라.

Q. '언젠가 사용하겠지'라는 막연한 생각을 하는가?

A. 그러면 버려라.

Q. 아주 가끔 활용하지만 남에게 쉽게 빌려 사용할 수 있는가?

A. 그러면 버려라.

Q. 기능이 비슷한 물건을 여러 가지 가지고 있는가?

A. 그러면 버려라.

Q. 회사나 사무실에서는 필요 없는 물건인가?

A. 그러면 버려라.

이처럼 스스로 몇 가지 질문을 던져서 쓰임새가 많지 않은 물건은 과감하게 버리는 것이 좋다. 물건의 희소성이 있는 경우가 아니라면 예전처럼 물건에 집착할 필요는 없다. 책상과 서랍을 정리하며 '폐기(버린다), 보존(사용한다), 보류(기한을 정한다)' 3가지로만 분류하면 된다. 보류할 때는 반드시 기한을 정해 언제까지 사용하지 않을 때는 그 시점에 다시 폐기와 보존을 결정해야 한다.

버리다

프로세스의
군살을 빼고
불필요한 관행을
버려라

#09

누구나 군살 없이 건강하고 날씬
한 몸매를 바란다. 그런 몸매는 남들 눈에도 좋아 보이지만, 가장 중
요한 건 스스로 자신감이 생기고 건강하다는 생각이 든다는 점이다.
반대로 펑퍼짐하고 비대한 몸은 왠지 둔해 보이고 자기관리를 못한
다는 선입견을 갖게 한다.

업무 프로세스도 이와 같다. 대부분의 회사에서는 업무를 진행하
는 과정이나 내부 절차를 프로세스화해둔다. 주먹구구식으로 즉흥
적으로 일처리를 하는 것보다는 일정한 프로세스가 있으면 일하기
도 편하고, 일의 시작부터 마지막까지를 일목요연하게 볼 수 있기
때문이다. 그리고 비슷한 유형이 반복되는 업무에서는 반드시 프로
세스가 있어야 한다.

하지만 보여주기 식의 프로세스나 관행적인 프로세스는 경계해
야 한다. 오랫동안 습관처럼 굳어져버린 프로세스에서는 불편함을

알아채지 못할 수도 있다. 이럴 경우 일을 위한 프로세스가 오히려 일하는 데 방해 요소가 되기도 한다. 건강한 몸을 갖기 위해 다이어트를 하듯 건강한 일처리를 위해 프로세스도 군살을 제거하고 다이어트를 하는 것이 좋다.

포스코의 경우 불필요한 관행을 없애고 업무의 낭비 요소를 제거하는 '버리기 운동'을 실시한 적이 있다. 이 운동을 위해 임직원들은 스스로 의식과 관행을 개선하기 위한 버리기 아이템을 발굴했다. '버리기 운동'이란 게 거창하고 대단한 혁신 활동으로만 이루어진 게 아니었다. 임직원들의 의식과 관행을 이번 기회에 개선하자는 게 가장 큰 취지였다. 회의와 보고 문화를 개선하고, 모르는 사이에 일상 업무가 되어버린 불필요한 업무를 없애는 데 초점을 맞추었다.

먼저 회의나 행사를 할 때 서열에 따라 좌석을 배치하고 지정좌석제를 두었던 문화를 폐지했다. 기존의 회의를 살펴보면 오래된 관습처럼 경영진-임원-부서장-중간간부-부서원 순으로 좌석이 배치되었다. 그런데 이런 문화를 없애자 회의나 보고를 할 때 경직된 분위기가 다소 해소되고 원활한 소통을 유도할 수 있게 되었다. 물론 좌석제도의 변화만으로 이뤄진 성과는 아니지만, 의식을 전환하려는 노력이 서서히 결과로 나타나는 것이다.

또한 평소에 잘 읽지도 않고 삭제하던 홍보용의 사내 웹진도 낭비 줄이기 차원에서 없앴다. 기존의 관행을 깨는 '버리기 운동'은 눈에 보이는 결과를 위한 행사라기보다 전 임직원의 생각을 변화시키고 실행의 중요성을 일깨우는 데 더 큰 의미가 있었다.

이와 비슷한 사례로 일본의 캐논전자도 관행 없애기를 시도했다. 그중 비용 줄이기는 가장 기본적인 체중 감량의 법칙과도 같았다. 컴퓨터가 보급된 이후 종이가 점차 사라질 것이라는 예측과는 달리 사무실에서는 오히려 종이 사용량이 증가하고 있었다. 종이 사용량을 줄이기 위해 고민하던 캐논전자는 회사 내에 쓰레기통을 모두 없애버리는 획기적인 계획을 시도했다. 처음에는 쓰레기통이 없어 불편해하던 직원들은 시간이 지나자 자료들을 컴퓨터 파일로 저장해 정리하기 시작했다. 종이 서류를 만들면 자기가 알아서 처리해야 하기 때문에 파일 정리를 하게 되었는데, 그러다 보니 종이 사용량이 줄고 쓰레기 처리 비용 역시 감소했다.

캐논전자의 관행 없애기 활동은 여기서 그치지 않았다. 회의실에 있던 의자를 모두 없애고 선 채로 회의를 진행하다 보니 결정 속도가 빨라졌다. 과거에는 회의에 참석해 안건에 대한 보고를 받고 토론하느라 많은 시간을 허비했다. 하지만 의자가 사라진 뒤에는 참석자들이 사전에 내용을 파악한 후에 회의에 참석하게 되었고, 15분 이상 지속된 회의는 거의 사라졌다. 느슨한 회의로 인해 낭비되던 보이지 않는 비용까지 줄인 것이다.

이처럼 아무리 종이를 아껴 쓰고 회의를 효율적으로 하라고 떠들어봤자 직원들이 움직이지 않으면 바뀌는 것은 아무것도 없다. 하지만 당연하게 생각되던 관행을 하나씩 바꾸니 직원들의 행동도 크게 달라졌다.

일본의 대표적인 의류업체인 유니클로 역시 개인 책상과 회의실 의자를 없앤 회사로 유명하다. 개인 책상이 없다 보니 프로젝트성 업무에 보다 쉽게 대응하게 되었고, 서서 진행하는 회의로 더 빠른 의사결정을 할 수 있었다. 게다가 회의실 대부분이 투명유리로 되어 있어 회의에 더 적극적이며 일에 대한 자극도 되었다. 특히 직원들이 회의 시작 5분 전에 모여 회의 목적을 생각하는 회의 문화가 만들어지자, 회의가 무의미하게 늘어지거나 내용을 몰라 본격적인 시작이 늦어지는 사례 역시 사라졌다. 직원들이 스스로 잘못된 부분들을 잡아나가기 시작한 것이다.

최근 많은 기업들이 프로세스 혁신을 강조하고 있다. 뭔가를 새롭게 혁신한다기보다 기존의 관행을 없애거나 바꾸려고 노력한다. 포스코, 캐논전자, 유니클로의 사례처럼 조직 내 작은 변화가 사람들을 움직이게 하는 것이다.

사실 혁신이란 그리 거창한 게 아니다. 오히려 단순한 생각에서 시작하는 것이 바람직하다. 다른 검색포털과 달리 심플한 초기 화면을 사용하는 구글을 떠올려보라. 단순하고 작은 변화에서도 큰 움직임을 얻을 수 있다.

불필요한 프로세스를 줄이는 '정리'와 실제 군살을 빼는 '다이어트'는 공통점이 있다. 쓸데없는 업무(살)는 쉽게 늘어나지만, 불필요한 프로세스(살) 하나를 줄이는 데는 엄청난 노력이 필요하다. 그리고 애써 줄인 관행의 프로세스(살)는 잠깐 방심하면 다시 하나둘 살아나기 마련이다. 관행의 요요현상이 오지 않도록 긴장하는 수밖에 없다.

다이어트를 하기 전 주변 사람들에게 '언제까지 얼마를 감량하겠다'라고 목표를 말하고 나면 좀 더 책임감이 생기듯, 불필요한 관행이나 프로세스도 공유해서 다 같이 줄여나가려는 노력이 수반되어야 한다. 늦은 저녁에는 음식을 멀리하고 평소에 걷기를 실천하는 작은 변화가 살을 감량시켜주듯, 불편했던 작은 관행부터 버리는 것이 관행 정리의 시작이다.

SMART 회의 문화

평소 회의가 늘어지고 특별한 결론 없이 끝난다면 작은 변화와 행동 정리가 필요하다.

삼성SDS의 'SMART 회의 111'

간결하고 생산적인 회의를 위해 1일 전 자료 공유, 1시간 회의, 1가지 이상 결론 도출을 목표로 한다. SMART 회의 111에 앞서 각자 회의에 임하는 마음자세도 바꿔나가고 있다.

회의 주최자

- 최소 1일 전에 회의를 공지했는가?
- 1시간 이내에 회의를 끝냈는가?
- 참석자들이 자유롭게 질문하고 의견을 개진하도록 하고 있는가?

회의 참석자

- 회의의 결론을 내기 위해 적극적으로 참여했는가?

'SMART 회의 111' 포스터

■ 1가지 이상의 아이디어를 제시했는가?

LG유플러스의 'SMART 회의 문화'

공부^{Study}, 관리^{Management}, 임무^{Assignment}, 존중^{Respect}, 시간^{Time}으로 구성돼 회의 내용에 대한 사전학습을 통해 주제에 벗어나지 않도록 관리하고, 회의 결과에 대한 역할 및 기한을 명확히 하며, 상대방의 의견을 존중할 수 있는 분위기에서 1시간 이내로 회의를 끝내자는 의미다.

보고 문화도 개선하기 위해 911 보고를 생활화한다. 9(구)두로, 1(한)장으로, 1(한)번의 보고라는 컨셉으로 보고 업무를 할 때 구두로 즉시 빠르게, 꼭 필요한 문서는 1장으로 핵심만, 철저한 준비를 통해 보고는 1번에 끝내자는 의미를 담고 있다.

버리다

적당히
하느니
차라리
안 하는 게 낫다.
'적당히'는 버려라

#10

해발 598미터의 대전 식장산에
는 구절사龜截寺라는 절이 있다. 구절사의 스님 한 분이 대전 시내에
내려와 몇 군데 전자제품 매장을 들어갔다가 금세 나오기를 몇 번
반복했다. 절로 향하려다가 마지막으로 한 전자제품 매장을 들렀다.

"식장산의 구절사 암자에서 사용하려고 하는데, 혹시 냉장고 배
달이 가능할까요?"

벌써 몇 군데에서 배송은 불가능하다는 답변을 들었던 터라 별
희망을 갖지 않고 물어보았다. 문의를 받은 삼성전자 대리점 직원
들의 머릿속은 순간 하얘졌다. 구절사까지 이르는 산길은 폭이 좁아
차로 싣고 가는 건 엄두도 못 내는 곳이다. 게다가 등산로는 오르막
경사가 심해 등산객들조차도 쉽게 오르지 못하는 난코스였던 것이
다. 대리점 직원이 난감한 표정을 짓자 스님은 낙담하며 매장을 나
가려고 했다. 그 순간 직원들은 잠시 알아보겠다며 스님을 붙잡았

다. 그때까지만 해도 스님은 반신반의하는 심정이었다.

곧바로 대리점 직원은 물류센터와 배송팀에 상황을 이야기하고 어렵게 결정을 내렸다. 고민에 고민을 거듭하던 직원들이 내린 결론은 냉장고를 직접 들고 산길을 올라가겠다는 것. 배송팀에서 11명의 직원이 자발적으로 지원했다. 그것도 다른 배달에 영향을 주지 않기 위해 일요일을 택했다. 100킬로그램의 냉장고를 11명의 배송 직원들이 교대로 짊어지고 구절사로 향한 지 4시간여 만에 암자 한 구석에 냉장고가 설치되었다. 일요일 오후 산을 오르던 등산객들이 삼성의 '고객만족'에 대해 박수를 보낸 것은 당연한 일이었다. 11명의 직원들이 배달한 것은 단순히 냉장고가 아니었다. 그 냉장고 안에 평생 녹지 않을 열정과 정성도 같이 넣어서 배달한 것이다.

처음 배송 의뢰를 받았을 때 그들도 당연히 배달 불가능이라는 답변을 '적당하게' 얘기하고 싶었을 것이다. 고생해서 산 속으로 배달한다고 돈을 더 받는 것도 아니고, 그렇다고 꼭 해줘야 하는 VIP 고객도 아니었다. 그 스님은 수차례 배송 거절을 당했기 때문에 이 대리점에서도 그냥 안 된다고 했으면 돌아갈 손님이었다. 하지만 그들은 배달하기로 마음먹었고 이왕 할 바에는 '적당히'가 안 통했던 것이다. 고객만족을 넘어 고객감동의 시대라고 하지만, 영리한 고객은 그리 쉽게 만족하거나 감동하지 않는다. 진심에서 우러난 행동에서 감동을 느끼는 것이다.

회사 업무도 마찬가지다. '적당히' 하는 업무는 누가 봐도 그 수준으로밖에 봐주지 않는다. 머릿속으로 계산하고 적당히 할 바에는 차라리 안 하는 편이 자기 자신에게도 도움이 될 수 있다. 요령 피우면서 적당히 일해봤자 적당한 수준에만 머무르게 될 테니까 말이다.

삼성의 품질 다짐

삼성의 '무선전화기 화형식' 사례는 기업이 품질에 대해 어떤 각오로 임해야 하는지를 보여주는 일화다. 1995년 당시 삼성전자는 무리하게 완제품 생산을 추진하다 불량률이 11.8퍼센트까지 치솟았다. 10개의 전화기 중 한 대는 불량인 꼴이다. 결국 15만 대, 150억 원 어치의 제품이 수거됐고, 그해 3월 9일 "품질은 나의 인격이요, 자존심"이라고 쓰인 현수막이 내걸린 구미사업장 운동장에서 2,000여 명의 직원들이 모인 가운데 '화형식'이 진행되었다. 자신의 손으로 만든 전화기가 산더미처럼 쌓여서 불에 타는 모습을 본 직원들은 자신들의 불량의식도 함께 불태웠다. 이런 대대적인 조치와 노력 덕분에 '불량은 암癌'이라는 인식이 가슴속에 자리 잡았고, 이듬해 국내 시장 점유율 4위에서 1위로 올라섰다.

버리다

출근하면
회사 밖의 일을,
퇴근하면
회사 안의 일을
말끔히 잊어버려라

#11

전날 퇴근하면서 동료들과 과음한 탓인지 아침부터 컨디션이 엉망인 날이 있다. 늦지 않도록 겨우 출근하긴 했지만, 자리에 앉아 있을 수 없을 정도니 업무가 제대로 될 리도 없다. 누구나 한번쯤 이런 경험이 있을 것이다. 하지만 이런 행동은 한 번으로 족하다. 전날 퇴근 이후의 후유증은 스스로 알아서 말끔히 정리하고 출근해야 한다. 최소한 동료들에게는 후유증이 남아 있지 않은 것처럼이라도 행동해야 한다. 그것이 회사와 내가 서로 약속한 계약 조건이다.

신입사원 시절과 달리 시간이 지나면서 회사에서의 시간과 개인의 시간을 구분하지 못하는 이들이 있다. 출근해서까지 과음 후유증에 시달리는 경우도 그렇지만, 사무실에서 친구와 장시간 전화로 수다를 떨거나 하루 종일 온라인 쇼핑을 하는 행동 등이 그런 것이다.

한국갤럽에서 민간기업과 공공기관에 근무하는 직장인 3,000명을 대상으로 업무 시간에 대한 조사를 실시했다. 설문조사에 따르면 직장인은 점심시간을 포함해서 하루에 평균 9시간 30분을 직장에서 보내는 것으로 나타났으며, 그중 개인적인 활동에 소모하는 시간은 무려 1시간 54분으로 업무 시간의 20퍼센트가 넘었다. 불필요한 인터넷 검색, 신문이나 잡지 읽기, 동료와의 잡담, 휴식, SNS, 스마트폰 메신저 대화, 사적인 통화를 하며 2시간가량을 소모하는 것이었다.

사실 하루 종일 회사에서 생활하다 보면 업무 시간 내에 개인적인 일을 처리해야 하는 경우도 있다. 하지만 누가 봐도 이해할 수 있을 정도여야 한다. 회사 밖에서의 '나'와 회사 안에서의 '나'는 분명히 정리되어야 한다. 출근한 후에는 내 업무 능력을 제공함으로써 월급을 받는다는 사실을 명심하라. 반대로 퇴근한 이후에는 업무에 대한 생각은 잊어버려라. 개인 시간을 확보하고 머리를 쉬게 해주는 것이 다음 날 집중도를 높여 업무를 잘할 수 있게 하는 원동력이 되니까 말이다.

삼성그룹의 모바일 오피스 서비스

회사를 나서자마자 업무에 대해서는 아예 생각하고 싶지 않지만 부득이하게 업무를 해야 한다면 어떻게 해야 할까? 예전에는 퇴근한 이후 자유롭게 개인 시간을 즐기다가도 어쩔 수 없이 긴급 업무가 발생했을 때는 다시 회사로 들어가야 했다. 하지만 요즘은 다시 회사로 가지 않아도 된다. 모바일 기기를 활용한 '스마트워크Smart Work'가 가능하기 때문이다.

최근 점점 똑똑해지는 스마트 기기 덕분에 길거리에서도 긴급 업무를 처리할 수 있다. 시간이나 장소에 구애받지 않고 노트북, 스마트폰, 태블릿PC 등을 활용해 업무를 처리하는 직장인이 늘고 있다. 이른바 'BYODBring Your Own Device'족이다.

정말 급한 업무가 발생했을 때 컴퓨터나 PC방을 찾아 헤맨 사람이라면 '내 손 안의 사무실' 생각이 절로 난다. 삼성그룹 역시 많은 임직원들이 개인 일정관리(PIMS, Personal Information Management System)뿐만 아니라 메일이나 결재도 모바일로 바로 할 수 있는 모바일 오피스Mobile Office 서비스를 활용하고 있다. 기본적인 업무뿐만 아니라 좀 더 정교하게 협업할 수 있는 회의 시스템Smart Conference 등을 활용해 시간과 장소를 뛰어넘는 업무 환경이 조성된 것이다. 그러다 보니 빠른 피드백이나 사무실 밖에서도 긴급 업무를 처리할 수 있는 효율성이 생겼다.

물론 회사 밖에서도 계속 업무에 매달려 있으라는 게 모바일 오피스 서비스의 진정한 목적은 아니다. 직장생활과 개인생활의 균형을 강조하는 시대인 만큼 그런 모습은 회사도 직원도 원치 않는다. 오히려 회사 업무 때문에 개인 시간을 방해받지 않겠다는 목적으로 모바일 오피스 서비스를 활용해야 한다. 작은 모바일 화면보다 더 큰 세상이 퇴근 후에는 눈앞에 펼쳐진다.

문제 해결을 위한
나만의 세 가지 습관

강효석 | 골프존 전략기획실장

삼성에서 R&D, 사업기획, 경영관리 등 경영 전반
의 실무 경험을 쌓았고, 삼성에버랜드 본사경영지
원실 차장을 거쳐 현재 골프존 전략기획실장으로
있다. 네이버 블로그 'MBA에서 못다 한 배움 이야
기(기획팀 강대리 팀장 만들기 시즌2)'의 운영자이
자, 《직장인의 성공에너지 배움》, 《직장인 서바이
벌 업무력》의 저자이다.

    올해 초 우리 부서에 배정된 신입사원 S양은 타고난 아이
같은 말투와 신세대다운 행동으로 처음에는 주변에서 우려
가 많았다. 하지만 6개월이 지난 지금 어느새 자기 몫을 곧
잘 해내는 훌륭한 사원이 되어 있다. 사실 그 사이에는 그녀
가 울음을 터뜨릴 만한 몇 번의 고비가 있었다. 아마도 그
고비를 훌륭히 넘기면서 형성된 업무 습관이 지금의 그녀

를 만든 것이 아닌가 생각된다.

　이처럼 입사 초기 훌륭한 선배를 만나 좋은 습관을 갖게 되는 것은 사회생활을 시작하는 직장인들에게는 무엇보다 중요하다. 지금의 나의 모습을 만든 업무 습관 또한 대부분 대리 이전에 형성된 것들이다.

　R&D와 기획 부서에서 일했던 나에게는 주어진 문제나 현안의 해결을 위한 아이디어를 고안해내고 이를 기획서로 만드는 업무가 일상다반사였다. '어떻게 해야 내게 주어진 이 숙제를 큰 힘 들이지 않고도 즐겁게 해결할 수 있을까?' 고민하던 내겐 자연스럽게 몇 가지 습관이 생겼다. 그리고 이러한 습관은 리더가 되고 나서도 큰 도움이 되고 있다. 이 가운데 나의 문제 해결에 언제나 실질적인 도움을 주었던 '사고 정리를 위한 세 가지 습관'을 소개한다.

　첫 번째 습관은 머릿속에 질문을 심어두는 습관이다. 이 습관은 '그물'이나 '낚시'에 비유할 수 있다. 그물을 바다에 던져놓거나 낚시를 호수에 던져놓는 행위 자체가 물고기를 잡기 위한 행위라면, 머릿속에 질문을 던져놓는 행위 또한 문제 해결의 열쇠를 낚기 위한 것이다.

방법은 단순하다. '나의 고민은 구체적으로 이러한 것이고, 이러한 고민을 어떻게 해결할 수 있을까?' 하는 질문을 우선 머릿속에 던져놓는다. 그리고 최소한 하루에 한 번씩, 문득문득 던져놓은 질문을 기회가 될 때마다 되새김질해본다. 그렇게 내가 던져놓은 질문이 있다면, 평소에는 무심하게 지날 수 있는 순간에도, 열쇠가 될 만한 것들이 눈앞에 나타날 때마다 곧바로 경적을 울리게 된다. 버스를 타고 가다가 우연히 보게 된 광고 간판에 힌트가 생각나고, 샤워를 하다가도 답이 튀어나오고, 신문을 보다가도 정답을 발견하게 되고, 잠자리에 들기 전에 여러 가지 질문들을 머릿속에 차곡차곡 재워놓으면 다음날 아침 뭔가를 기똥차게 생각해낼 수도 있다.

최근에 나의 고민은 우리 부서의 내년도 조직 재편에 관한 아이디어가 좀처럼 떠오르지 않는 것이었다. 여느 때처럼 늦은 퇴근 후에 샤워를 마치고 침대에 누웠는데, 순간 예전 회사에서 간접적으로 경험해 보았던 조직 체계가 문득 떠올랐다. '유레카'와 같은 순간의 느낌, 누구나 맛볼 수 있는 발견의 즐거움이다.

두 번째 습관은 되도록 많은 주변 사람들에게 문제를 투명하게 공개하고 그들로부터 아이디어를 들어보는 것이다. 앞의 첫 번째 습관만으로는 문제 해결이 어려운 경우가 많다. 이 때 혼자가 아닌 여러 사람과 논의를 하게 되면 문제 해결의 열쇠가 반드시 나타나기 마련이다.

이 습관에서 가장 중요한 것은 누구에게 물어보고 들어볼 것인지를 정하는 대상 선정이다. 비슷한 문제를 이전에 경험했거나 나와 동일한 수준의 고민을 가지고 있을 만한 사람들이 가장 적격이다. 나보다 너무 높은 상급자라면 이러한 대화 자체가 불편할 수 있을뿐더러 굳이 나의 독창적인 아이디어가 아닌 남들의 도움을 구하고 있다는 것을 알릴 필요까지는 없기 때문에 좋지 않다. 또 경력이 짧은 후배들과의 논의는 이미 자신의 고민 수준 이하일 확률이 높기 때문에 좋지 않다.

함께 지혜를 나눌 대상만 적절하게 고른다면, 주변인들의 조언을 적극적으로 받아들이는 연습은 언제나 문제의 핵심Core에 다가갈 수 있는 지름길이다. 앞서 말했던 부서 조직 재편에 관한 아이디어를 더욱 공고히 할 수 있던 것도 바로 이 두 번째 습관 덕분이었다. 최근 있던 1박2일 부서 워크숍에서 해당 주제를 부서원들에게 던져주고 자유롭게 토론하고 공유하는 시간을 갖게 했더니, 내 자신이 고민하던 문제의 해결책이 좀 더 구체화되었고, 나의 해답에 대한 확신도 갖게 되었다.

마지막 습관은 앞서 이야기한 두 가지 습관들을 비로소 가치 있게 만드는 것으로, 언제 어디서나 무엇이든 메모하는 것이다. 문득 순간에 떠오른 아이디어나 심각한 논의 끝에 어렵게 도출된 해결 방안도 즉시 메모해놓지 않으면 금세 나를 떠나게 되는 경우가 많다. 그래서 나는 에버노트

Evernote와 구글킵Google Keep 같은 스마트폰 메모 앱을 자주 활용한다. 사무실에서는 포스트잇 같은 오프라인 도구도 가리지 않고 활용하는 편이다.

잠자리에 들기 전 문득 떠오른 조직 재편 아이디어를 스마트폰 속의 에버노트 앱을 열어 바로 메모하였다. 다음 날 내용이 동기화된 PC 속의 에버노트를 열어보고 문서로 옮긴 후 조직 재편안을 정리하였다. 예전 같았으면 꼬깃꼬깃 메모지에 적어놓은 내용을 다시 키보드로 입력해야 했지만 이제는 스마트한 세상이 아닌가. 물론 매 순간 잊지 말아야 할 일이나 업무는 컬러가 화려한 포스트잇에 적어 노트북 상단에 붙여놓고 완료될 때마다 떼는 아날로그 습관도 버리지 않았다.

문제 해결에 도움이 되는 사고 정리의 습관은 이 밖에도 많이 있다. 중요한 것은 나에게 실제로 도움이 되는 나만의 방식을 찾는 것이고, 그것을 일상에 적용하여 정말로 효과를 보아 즐거움과 자신감을 느끼는 것이다. 당신에게 평생 도움이 될 만한 좋은 정리 습관을 꼭 이 책에서 얻어가길 바란다.

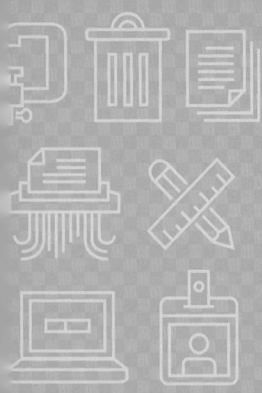

CHAPTER 3

줄이다

결코 더하지 말라

줄이다

워밍업은
20분 이내로!
업무의
부팅 속도를
줄여라

#12

하루 중 업무에 가장 몰입하는 때는 언제인가? 최근 많은 기업들을 살펴보면 아침 출근 직후 오전 시간을 집중 근무 시간으로 지정해 일을 하고 있다. 이 시간대는 머리가 맑아 자유롭게 생각을 펼칠 수 있어 업무 효율이 가장 좋은 시간이다. 그래서 이 시간엔 가급적 외부에 전화하는 것도 자제하고 조용하게 업무에 집중한다. 습관적으로 들여다보는 스마트폰 확인도 이때만큼은 잠시 잊고 일한다.

6년간 한국에 살며 35개의 한국 기업 컨설팅을 진행한 일본인 컨설턴트 가쓰키 요시쓰구香月義嗣는 한국 기업의 첫 번째 문제로 생산성을 깎아먹는 '습관성 야근'을 꼽았다. 커피 타임이나 담배 타임이 많고, 퇴근하지 않은 채 오랜 시간 저녁을 먹고 다시 회사에 들어와서 일하는 등 낭비하는 시간을 가장 먼저 지적한 것이다. 가쓰키 요시쓰구의 기고는 '한국 기업들이여, 이것만은 고쳐라. ①생산성 깎

아먹는 습관성 야근, ②프로세스는 없이 근성만 요구, ③다 함께 크는 정보 공유 인색'이란 제목으로 한 일간지(조선일보, 2013년 4월 27일)에 소개되었다. 기업들도 이런 문제점을 잘 알고 있는 터라 관행을 없애기 위해 집중근무시간제를 도입한 것이고, 그만큼 업무에서도 효과를 거두고 있다.

삼성의 한 계열사는 오전 9시부터 11시까지 업무에 전념하는 '집중근무시간제'를 실시했다. 중요 업무를 처리하기 위해 이 시간 동안에는 회의, 자리 이석, 불필요한 전화, 흡연을 금지했다. 처음엔 아무 소리도 움직임도 없는 사무실이 어색했지만, 시간이 지나자 일에 집중하는 풍토가 정착됐다. 이 회사는 제도의 효율성을 극대화하기 위해 집중 근무 시간 동안 '해야 할 일'과 '해서는 안 될 일'에 대한 가이드를 마련했다. 가령 해야 할 일은 보고 간소화, 수익성 없는 업무 줄이기, 출근 시간 준수, 식당 시간 이용 준수, 정리정돈 잘하기 등이다. 해서는 안 될 일은 개인 업무 안 보기, 불필요한 웹서핑 안 하기, 잡담 안 하기, 취식 안 하기, 무단 이석 안 하기 등으로 정했다.

이처럼 집중근무시간제를 시행하는 회사의 사례는 많다. 아웃도어 전문회사 오케이아웃도어닷컴은 사내 직원뿐만 아니라 거래

처에도 사전에 협조를 구했다. 긴급한 일이 아니라면 이 시간을 피해 전화해주길 부탁했다. 시간관리를 통해 몰입 환경을 조성했더니 조직의 생산성도 크게 달라졌다.

기업뿐만 아니라 관공서에서도 업무 생산성을 높이기 위해 집중 근무시간제도를 시행하고 있다. 서울시 송파구청은 매일 오전 9시 30분부터 11시까지, 그리고 오후 2시부터 3시 30뿐까지 하루 3시간씩 흡연, 신문과 인터넷 열람, 불필요한 다른 부서 방문, 사적인 전화 등 사적 활동이 금지된다. 또한 직원들이 일에만 집중할 수 있도록 구두 보고와 업무 지시를 자제하고 외부출장 인원도 최소화했다.

한 회사는 이에 더해 업무 중 발생하는 시간과 과정을 간소화하겠다는 목적으로 업무효율운동을 실시하고 있다. '1의 원칙'이라고 부르는 이 운동은 1일 1회는 집중 근무 시간으로 정해 일상적 야근 근절, 한 달에 1회 이상 반복되는 업무 필요성을 재검토한 후 개선, 모든 보고서는 1페이지로 축약해 작성, 회의는 1일 전 자료 공유하고 1시간 이내 종료한다는 내용이다. 관습적으로 발생하는 불필요한 업무를 정리해서 업무의 실행력을 높이려는 목적에서 시작된 변화다.

국내 최고의 온라인 유통회사 사장이 임직원들에게 신년사로 이런 당부의 말을 했다.

"지난해는 물이 끓기 직전인 99도까지 우리의 온도를 끌어올리는 워밍업Warming-up의 해였다면, 올해는 부족한 마지막 1도를 채우고 본격적으로 궤도에 오르는 한 해가 되어야 할 것입니다."

100도가 되어 물을 끓게 하려면 그 온도가 되기까지 계속 가열해야 한다. 그 가열하는 시간을 워밍업이라고 생각한 것이다. 업무도 마찬가지다. 뭔가 집중해서 시작하려면 업무 준비 시간이 필요하다. 그래야만 탄력을 받아 업무에 빠져들 수 있기 때문이다. 단, 이때 주의해야 할 점은 워밍업 시간은 짧게 끝내야 한다는 것이다. 다음의 사례를 한번 살펴보자.

김 대리는 겨우 지각을 모면한 채 급하게 사무실에 들어와 우선 차 한 잔을 한다. 동료들과 어제 프로야구 경기 결과에 대해 잡담을 나누다가 다시 밖으로 나간다. 담배를 피우고는 신문을 들고 화장실에 들러서 한참 시간을 보낸 후 자리에 앉는다. 컴퓨터를 켜고 스팸 메일을 하나하나 열어보고는 드디어 업무 인트라넷에

접속한다.

혹시 당신의 오전 업무 시간도 이런 모습인가? 대부분의 직장인들이 출근해 본격적인 업무를 시작하기까지 각자의 워밍업 스타일이 있다. 커피를 한잔 뽑아 자리에 앉아야 업무가 시작되는 사람도 있고, 출근하자마자 담배를 피우는 사람도 있다. 화장실에 가서 화장을 하거나, 전날 마신 술 때문에 연신 음료수를 마시는 사람도 있다. 자리에 앉아 있더라도 조간신문을 보고 나서야 업무를 시작하는 사람도 있다. 사람마다 성격이나 개성이 다르듯 업무 시작 전의 워밍업 역시 백인백색이다.

이러한 워밍업도 습관이다. 아침 출근 이후 1시간이 거의 지나야 업무에 집중하는 사람은 오랜 경험으로 그렇게 습관이 굳어버린 것이다. 출근하자마자 뭔가 급하게 업무를 처리하려고 해도 책상에 앉아 바로 일을 한다는 게 잘 되질 않는다. 그러다가 어영부영 오전 시간을 보내고 점심 먹으러 나가는 직장인도 더러 있다.

업무에 집중하기 위해서는 준비 시간, 즉 업무의 워밍업이 필요하다. 집중근무시간을 정하는 것도 중요하지만 그보다 더 중요한 것은 쓸데없는 준비 시간을 줄여 워밍업 시간을 최소화하는 것이다.

워밍업 시간은 20분 이내로 끝내는 것이 적당하다. 연구 결과에 따르면, 한 가지 일을 하다가 다른 일로 전환하는 데 걸리는 시간은 25분 정도라고 한다. 사람의 속성상 이 정도 시간이 지나야 그제야 다른 일로 완벽하게 전환할 수 있다. 역으로 생각하면 한 가지 일에 집중하기 위해서는 이 정도의 시간이 필요하다는 뜻이다. 물론 이보다 짧은 워밍업을 하고 일에 몰입할 수 있으면 더 좋겠지만, 아무리 길어도 이 정도의 시간을 넘기면 곤란하다. 자동차도 출발 전에 시동을 걸고 워밍업을 해주는 게 좋지만, 그 시간이 너무 길어지면 쓸데없는 공회전이 되어 연료 낭비, 공기 오염의 주범이 된다.

　지금 사용하고 있는 컴퓨터의 부팅 시간이 10분 정도 걸린다고 가정해보자. 작업을 하려고 컴퓨터의 시작 버튼을 누르고 10분이나 지나야 겨우 사용할 수 있다면 분명 효율적인 컴퓨터는 아닐 것이다. 그런 컴퓨터는 AS를 받거나 교체를 해야 한다. 사람도 마찬가지로, 업무의 부팅 속도가 늦는 사람은 그만큼 효율적이지 못하다는 의미다. 그런 사람은 느린 컴퓨터처럼 인력 교체의 대상이 될 수 있다. 워밍업은 업무의 몰입도와 효율성을 높여주지만, 길어지면 오히려 몰입도가 떨어지고 효율성 면에서도 뒤처질 수 있으니 주의해야 한다.

업무 성과를 올리고 몰입도를 높이는 5가지 방법

글로벌 경영컨설팅 업체인 타워스 페린^{Towers Perrin}이 한국을 비롯한 18개국의 직장인 8만 8,600명을 대상으로 설문조사를 실시한 후 '직원의 몰입도를 높이는 5계명'을 발표했다. 직원 몰입도는 자신이 근무하는 기업의 성공을 위해 자발적으로 얼마나 많은 노력과 시간, 에너지를 투입하는가를 의미한다. 경영자들이 위기를 극복하고 기업을 성공적으로 이끌기 위해서는 직원들의 '몰입 공백^{Engagement Gap}'을 줄여야 하는데, 그러기 위해서는 경영진에 대한 신뢰와 기업의 혁신 노력 등이 필요한 것으로 분석되었다.

직원 몰입도 높이기 5계명

① 직원을 파악하라(Know Them): 고객을 아는 만큼 직원에 대해서도 잘 알아야 한다.

② 직원을 성장시켜라(Grow Them): 끊임없이 직원들의 능력을 시험하고 계발하라.

③ 직원들에게 영감을 주어라(Inspire Them): 직원 스스로 삶을 가치있게 여길 수 있도록 영감을 주어라.

④ 직원의 참여를 이끌어라(Involve Them): 명확한 의사소통을 통해

직원들의 의지에 따라 실행할 수 있도록 유도하라.

⑤ 성과에 대해 충분히 보상하라(Reward Them): 직원들이 잘 대우받고 인정받고 있다고 느끼게 하라.

줄이다

보고서를 줄여라!
보고는 한 가지 사안만,
한눈에 들어오게
작성하라

#13

한때 보고서를 양量으로 승부하던 시기가 있었다. 일단 보고서가 두툼해야 안심이 되고, '이렇게 일을 많이 한다'는 걸 보여주고, 자신의 보고서가 예사롭지 않다는 걸 과시하기 위해서다. 보고를 받는 사람 역시 보고서의 두께를 보고 얼마나 일을 열심히 했는지 판단했다.

하지만 이제 양의 시대는 끝났다. 10장이면 될 보고서를 일부러 50장으로 만들 필요는 없다. 오히려 10장의 보고서도 줄이고 줄여서 5장 이내로 작성된 보고서를 더 선호한다. 줄이기 위해 심사숙고하고 고민하다 보면 문제의 핵심을 더 명확하게 발견할 수 있기 때문이다. '생각은 신중하게, 작성은 단순하게'를 강조하는 시대인 것이다.

조직생활의 대부분은 보고와 회의로 이뤄진다고 해도 과언이 아니다. 그만큼 회사에서 중요한 결정은 보고와 회의에 의해 진행된다. 특히 보고서는 하루에도 몇 번씩이나 주고받기 때문에 보고서를 작성해온 것만 봐도 그 사람의 업무 능력을 짐작해 볼 수 있을 정도다. 한마디로 보고서는 직장인의 실력을 대변하는 기준인 셈이다.

주장하고자 하는 논점이 무엇인지, 결론이 일관되게 정리되었는지, 근거 자료는 명확한지 등 좋은 보고서의 요소는 몇 가지로 정리된다. 그중에서 가장 중요한 것은 '핵심이 잘 드러나 있는 간결함'이다. 보고서에 따라 자세하고 두툼해야 할 때도 있지만, 최근에는 핵심만 간략히 요약된 보고서를 더 선호한다. 《1페이지 보고서One page proposal》라는 책이 지금까지 스테디셀러가 된 것도 바로 이 때문이다. 다시 한 번 강조하지만 보고서는 쉬운 용어로 간결하고 단순하게 작성해야 한다. 그리고 반드시 회사어로 이야기해야 한다.

"그래, 이 보고서에서 이야기하고자 하는 것은 무엇인가? 도대체 뭘 해보자는 건가?"

보고서를 다 읽고 나서 상사가 이렇게 말했다면 당신은 보고서를 제대로 작성하지 못한 것이다. 문제 분석은 훌륭한데 제시된 문제에 대해 해결책이 없는 보고서 역시 본질을 잃은 보고서다. 하나의 보고서에는 하나의 주제만 다뤄야 하고, 첫 문단 첫 문장에서 핵심을 드러내야 한다. 그렇다면 핵심만 담긴 간결한 보고서란 어떤 것일까?

첫째, 결론이 분명해야 한다. 기승전결 또는 개요-결론-논거-과제의 4단 구성이 일반적인 보고서의 형식이다. 보고서를 보고 결론이 무엇인지 보고받는 사람이 정확하게 인식해야 한다.

둘째, 근거가 정확해야 한다. 결론을 내리거나 개선 과제를 제시할 때 객관적인 통계 자료나 수치 자료가 뒷받침되어야 한다. 근거 있는 주장이 설득력도 갖추기 때문이다.

셋째, 하나의 보고서에는 하나의 주제만 서술되어야 한다. 간혹 실무자의 욕심으로 보고서 안에 여러 가지 이야기를 담으려고 하는데, 그건 말 그대로 과욕이다. 보고받는 입장에서 보면 집중력이 떨어져 어느 것 하나도 공감할 수 없기 때문이다. 글로벌 경제의 미래 변화 방향을 예견한 《메가트렌드Megatrends》 저자인 존 나이스빗John Naisbitt은 "덜어낼 수 없다면 결코 더하지 말라"고 했다. 보고서를 작성할 때 꼭 명심해야 할 말이다.

넷째, 보고서는 핵심 위주로 짧고 쉽고 구체적으로 써야 한다. 삼성, SK, 포스코 등 대기업들은 보고서를 작성할 때 '3스텝 3S 원칙'을 기본으로 하고 있다. 1단계에서 보고 목적과 결론을 제시하고, 2단계에서 근거와 논리를 뒷받침하고, 3단계에서 향후 실행 계획을 구체화하는 것이다. 3S 원칙은 앞서 말한 짧고Short 쉽게Simple 구체적으로Specific 쓰라는 것이다. 3S의 원칙을 잘 지킨 보고서는 구구절절

페이지만 많은 보고서보다 훨씬 설득력 있다. 보고서도 거품을 빼고 담백함과 간결함이 필요한 것이다. '퓰리처상'의 기원인 미국 언론인 조셉 퓰리처Joseph Pulitzer는 이렇게 말했다. "무엇을 쓰든 짧게 써라. 그러면 읽힐 것이다. 명료하게 써라. 그러면 이해할 것이다. 그림 같이 써라. 그러면 기억 속에 머물 것이다." 보고서도 마찬가지다.

이러한 조건에 맞춰 작성했다면 보고받는 사람을 위한 배려가 필요하다. 예를 들어 단순하게 '읽는 보고서'보다 '보는 보고서'가 설득 확률을 높여준다. 펜실베이니아 대학교의 연구 결과에 따르면, 잘 정리된 비주얼 자료는 결재 승인을 2배 빠르게 해준다고 한다. 게다가 기억력을 5배 높여주고 업무 시간을 8퍼센트 절약해준다. 그리고 숫자를 적절하게 활용하면 보고받는 사람이 좀 더 쉽게 이해할 수 있다. 예를 들면 이렇다.

(가) 갤럭시S3, 출시 100일 만에 2,000만 대 돌파
(나) 갤럭시S3, 출시 100일 만에 2,000만 대 돌파
  - 1초당 2대, 하루 평균 20만 대씩 판매

이 경우 (가)보다는 (나)가 더 빨리 이해된다.

삼성의 보고서 원칙

삼성은 요점 위주의 보고서를 강조한다. 대부분 '제목 – 핵심 요약 – 체계적인 서술 – 근거 – 시사점과 방향 제시'로 이어져 있다. '왜 해야 하는가?'의 기대효과를 명확하게 알 수 있는 보고서가 삼성 보고서의 핵심이다.

삼성 보고서의 또 다른 특징은 공통 형식을 갖췄다는 것이다. 삼성그룹에는 많은 계열사들이 있는데, 그 많은 회사들의 보고서 폼은 유사하다. 언제 어디서 누가 작성한 보고서든 필요시 바로 주고받아 보면 도움이 되는 것도 이 때문이다. 가장 큰 카테고리는 Ⅰ, Ⅱ, Ⅲ으로, 그 아래 큰 주제는 1, 2, 3으로, 또 그 아래 서술 내용은 □, -, · 표시로 일관성 있는 형식으로 작성된다. 보고서의 가독성을 높여주기도 할 뿐만 아니라 지금 읽고 있는 보고 문구의 수준과 위치를 쉽게 이해할 수도 있다. 작성하는 사람도, 읽는 사람도 빠르고 쉽게 이해할 수 있다.

앞서 말한 '1페이지 보고서'의 중요성 못지않게 '1가지 유형 보고서 One form proposal'도 중요하다. 특히 삼성처럼 구성원이 많은 기업일수록 양식을 통일하면 한 방향으로 나가는 데 큰 도움이 된다.

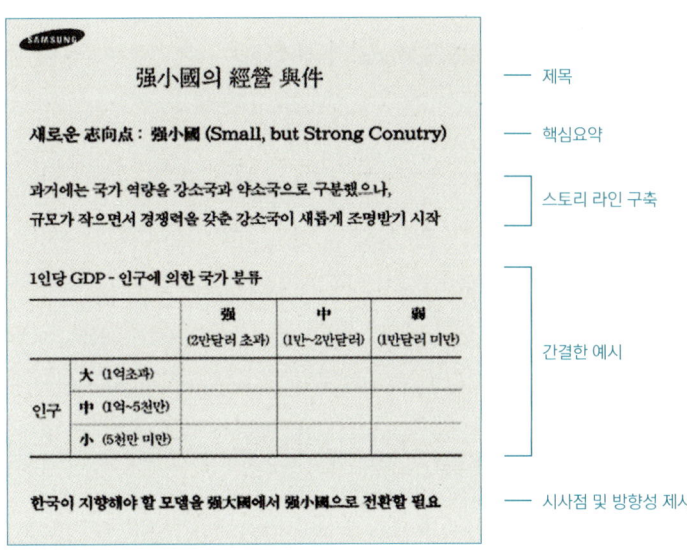

강小國의 經營 與件

새로운 志向点 : 強小國 (Small, but Strong Conutry)

과거에는 국가 역량을 강소국과 약소국으로 구분했으나,
규모가 작으면서 경쟁력을 갖춘 강소국이 새롭게 조명받기 시작

1인당 GDP - 인구에 의한 국가 분류

		强 (2만달러 초과)	中 (1만~2만달러)	弱 (1만달러 미만)
인구	大 (1억초과)			
	中 (1억~5천만)			
	小 (5천만 미만)			

한국이 지향해야 할 모델을 強大國에서 強小國으로 전환할 필요

— 제목
— 핵심요약
— 스토리 라인 구축
— 간결한 예시
— 시사점 및 방향성 제시

삼성 보고서 예시 1 (《삼성기획서의 비밀》 참조)

삼성 보고서 8가지 비법

① 첫 장에서 승부할 것 : 첫 장에서 설득(Why)해야 하며 특히 제목
   을 잘 뽑아내야 한다.

② 핵심 용어를 사용할 것 : 최근 경영 키워드나 기법, 회사의 전략
   방향, 상사의 지시와 의도 등

③ 자기만의 문체를 만들 것 : 간결하게 사용하고 계수화한 구체적인

임직원 배포用 추천서적 선정(案)

'13.12.10
GWP파트

1. 개 요

□ '정리(整理) 필요성' 주제의 서적 선정
  - 효율적인 업무수행 및 업무환경 개선 필요성을 강조한
    추천서적을 全임직원 대상 배포 예정 (12월중 완료)
□ 임직원 인식 전환 및 실천 유도
  - 쾌적한 업무환경 조성을 위해 책 내용 즉시 활용

2. 세부 내용

□ 서적명 '정리의 정석'(흐름출판, 2013년)
  - 직장인의 올바른 정리 습관을 요약 구성한 책으로
    정리의 중요성·업무습관 外 실천방안 5가지 강조
    ·버리기, 줄이기, 정하기, 나누기, 바꾸기

  ☞ 저자 소개 : 조세형
    - 현재 삼성SDS 커뮤니케이션팀에서 홍보업무 수행
    - 주요 저서로 '회사에서 통하는 커뮤니케이션(2010)',
      '5년은 먹고 들어가는 신입사원 5주 훈련소(2012)',
      ※ '신입사원 5주 훈련소'는 중국과 대만에 출간

  - 해당 서적은 12월 2주차 교보문고 자기계발 추천도서 선정

3. 기 타

□ 부서별 정리정돈 노하우 사례발표 예정 ('14년 2월)
□ 서적 배포 관련 세부일정은 各 부서담당자에게 메일 발송

- 이 상 -

삼성 보고서 예시 2

표현을 사용한다. 불분명하고 추상적인 표현은 지양한다.

④ 오탈자를 줄일 것 : 오탈자는 정성 부족을 의미하며 보고서 신뢰
도의 결정적인 역할을 한다.

줄이다

⑤ 각종 서식에 대해 이해할 것 : 통일된 글씨체(폰트, 크기), 적절한
한자 쓰기(강조, 한글로는 의미가 불분명할 때), 띄어쓰기, 문서 간격
및 여백 관리, 밑줄 치기·굵은체, 박스, 글머리 사용 등

⑥ 쉬어가게 할 것 : 리듬과 호흡의 간격을 조절한다. 한 장에 하나의
주제를 담는다.

⑦ 볼 맛이 나게 할 것 : 보고는 종합예술이다. 남들이 칭찬하는 보고
서를 벤치마킹한다.

⑧ 품질로 승부 : 품질 = 기술 품질(요령과 지혜) + 정성 품질(열정과
노력)

-'삼성SDS 멀티캠퍼스 〈성공을 부르는 기획 노하우〉' 중에서

CIA의 정보 보고서 작성의 기본 10원칙

① 결론 먼저 서술 Put Big Picture, Conclusion First

판단을 먼저 제시하고 뒤에 보충할 수 있는 사항을 기술한다. 정보
사용자는 시간이 촉박해 무엇을 말하려고 하는지를 빨리 알고 싶
어 한다.

② 정보의 조직화·체계화 Organize Information

혼란이 생기지 않도록 입수된 정보를 논리적으로 체계화한다. 불필요한 반복을 피하고 요점을 정리한다.

③ 보고서의 형태 이해 Understand Format

해당 양식의 서술 기법에 따라 기술한다.

④ 적합한 언어 사용 Use Precise Language

작성자와 사용자가 똑같이 이해할 수 있도록 적합한 언어를 사용한다.

⑤ 단어의 경제적 사용 Economic on Words

짧은 문장은 읽는 사람으로 하여금 이해도를 높여준다. 두 줄 정도가 적절하며 대화체로 서술하고 미사여구와 전문용어는 피한다.

⑥ 생각한 것을 분명하게 표현 Achieve Clarity of Thought

표현이 불분명하면 내용도 불분명하므로 작성 전 생각하는 바를 미리 정리한다.

⑦ 능동태 표현 Use Active Voice, not Passive Voice

능동태 문장은 직접적이고 확실하고 적극적인 의미를 전달한다.

⑧ 자기가 작성한 보고서를 스스로 편집 Self-Edit Your Writing

보고서 제출 전 다시 읽고 수정해 최상의 것이라고 판단했을 때 제출한다. 동료에게 미리 보여주어 오자 · 탈자 · 내용상 하자 등에 대해 의견을 얻어 수정한다.

⑨ **정보 사용자의 수요를 분명히 알 것** Know Your Reader's Needs

정보 사용자가 무엇을 알고 싶어 하는지를 끊임없이 생각한다.

⑩ **동료의 전문지식과 경험 활용** Draw on the Expertise and Experience of Your Colleagues

동료들의 통찰력과 지식의 도움을 받는다.

줄이다

종이 문서를
줄여라!
보관해야 하는 서류는
디지털파일로
만들어라

#14

회사에서는 이메일로 의사소통을 하는 경우가 많다. 예전과 달리 결재를 받거나 승인할 때도 전자결재 시스템을 이용해 온라인으로 진행한다. 예전의 종이 세금계산서는 점점 사라지고 전자세금계산서를 활용하거나, 인쇄물을 보며 진행하던 발표 자료 역시 대부분 컴퓨터 파일로 대체되었다. 경우에 따라 출력물을 사용하는 건 여전하지만 온라인 시스템이 정착되면서 종이 문서가 많이 사라졌다. 그러다 보니 모든 결재서류와 보고서를 출력해 철을 해두거나 일정 기간 동안 보관하는 수고도 줄어들었다. 컴퓨터나 태블릿PC 등 IT 인프라의 비용이 낮아지고, 누구나 포털사이트에서 무료로 제공하는 고성능 업무 툴을 이용할 수 있게 되었기 때문이다.

업무 환경이 바뀐 만큼 굳이 출력물을 많이 사용하거나 종이 문서를 만들 필요가 없다. 기업들도 '종이 없는 사무공간Paperless Company

을 만들려고 노력하고 있다. 다시 말해 종이가 한 장도 없는 사무실이 아니라 가급적이면 종이를 줄이자는 것이다. 그 노력의 일환으로 자료는 종이 형태보다 파일 형태로 보관하고, 주기적으로 불필요한 문서를 파쇄하는 정리정돈의 날을 만들기도 한다.

이외에도 종이 없는 사무공간을 만들기 위해 다양한 방법을 시도해볼 수 있다. 중요 문서라도 반드시 종이로 보관해야 하는 경우가 아니면 스캔을 해두거나 PDF, JPG 등 이미지로 변환해 보관하면 정리에 한결 도움이 된다. 또 근거를 남겨야 하는 용도라면 카메라로 서류를 찍어두는 방법도 편리하게 사용할 수 있다. 요즘은 컴퓨터뿐만 아니라 스마트폰으로도 손쉽게 스캔을 할 수 있으니 활용하면 좋다. 더구나 태블릿PC가 보급되면서 회의를 할 때도 각자 태블릿PC를 들고 와서 자료를 보면 출력물이 없어도 된다.

이처럼 업무 환경의 변화에 따라 업무하는 모습도 달라지고 있다. 삼성의 한 계열사는 종이로 된 보고서와 보고 체계를 없애고 모든 보고를 시스템화, 모바일화했다. 태블릿PC나 스마트폰을 이용해서 실시간 자재 입출고, 반납수량 관리, 불량률 관리와 예방 등 모든 활동을 모바일로 시스템화해서 관리하고 있다. 그러다 보니 굳이 종이 보고 문서가 필요 없어졌다. 페이퍼리스paperless는 단순히 비용 절감의 차원이 아니다. 디지털 수단을 통해 정보 공유 환경을 조성하는 것이 진짜 목적이다.

삼성의 페이퍼리스 Paperless Office

시장조사기관 가트너 Gartner는 기업에서 종이 문서 유통에 소비하는 비용이 전체 연 매출의 1~3퍼센트를 차지한다는 조사를 발표했다. 우리나라 공공기관에서 소비되는 종이 문서는 연간 약 200억 장이 넘는다. 하지만 노트북뿐만 아니라 스마트폰과 태블릿PC 보급이 대중화되면서 점점 종이문서를 줄이려고 노력하고 있다. 종이 문서로만 진행되던 보험 계약도 전자서명을 통해 개인 확인이 허용된 이후 큰 변화가 생겼다. 삼성화재를 비롯한 주요 보험사들이 상품 설명, 신청, 정보제공 동의 등을 태블릿PC로 활용하면서 종이로 된 계약 서류가 줄어든 것이다.

삼성그룹의 신입사원 교육에서 종이 자료가 사라진 것도 벌써 몇 년 전이다. 노트북으로 교육을 진행하다 보니 종이 없는 Paperless 디지털 방식이 도입된 것이다. No Book, No Note, No Pen 기반 미래형 학습 환경이다.

실제 교육 기간 내내 종이로 된 교재는 거의 사용하지 않는다. 무선 랜으로 연결된 노트북을 보며 강의 교재도 온라인으로 접속해서 열

삼성그룹 CIC 교육 시스템 활용 모습

람하고, 필기도 컴퓨터에 직접 한다. 질문과 설문조사도 온라인으로 이뤄진다. 이것이 바로 디지털 기기를 기반으로 모든 교육이 진행되는 스마트 러닝 플랫폼인 CIC Creative Intelligence Campus 시스템이다. 인쇄 교재 대신 스마트 디바이스를 활용해 강사와 학습자, 학습자와 학습자 간 쌍방향 소통이 가능한 참여형 교육 시스템인 셈이다. CIC 시스템에 대해 설문조사를 실시한 결과 집중과 몰입으로 학습 효과도 높은 것으로 나타나 앞으로 여러 기업에서 이런 시스템을 도입할 것으로 보인다.

줄이다

입버릇처럼 하는
비난이나
불평 습관을
줄여라

#15

정보화 시대가 되면서 '어떻게 해야 하는가?'의 노하우Know-how보다는 '어디에 가면 정보를 얻을 수 있는가?'의 노웨어Know-where가 중요해졌다. 그리고 더 중요한 것은 '누구를 만나야 하는가?'의 노후Know-who라고 할 수 있다. 1촌, 이웃, 친구, 팔로워, 팬 등 모든 것은 '관계'에서 시작된다. 관계와 소통을 중요하게 강조하는 만큼 인맥의 힘은 실로 어머어마하다.

그렇다면 누구를 만나고 관리해야 할까? 인맥 관리라고 하면 단순히 많은 사람을 만나고 계속해서 그들과 연락하거나 소통해야 한다고 생각한다. 물론 그럴 수만 있다면 정말 좋다. 하지만 한정된 시간과 돈을 가진 직장인이 인맥을 넓히기 위해 무리하게 행동할 수는 없다. 인맥 관리야말로 몇 가지 중요한 '정리'가 필요한데, 하나씩 살펴보자.

첫째, 때론 다수보다 중요한 소수에 투자해야 한다. 무조건 많은 사람을 만나기보다는 중요한 사람을 알아가는 게 필요하다. 물론 일부 영업직과 같이 무조건 많은 사람을 알아야 하는 경우도 있다. 하지만 많은 인맥을 개척하려다가 자칫 에너지를 다 소모해버릴 수도 있다.

영국 옥스피드 대학교의 심리학 교수인 로빈 던바Robin Dunbar에 따르면, 한 개인이 활동적인 관계Active Relationship를 맺을 수 있는 사람의 최대치는 150명이라고 한다. 비즈니스와 군대 조직도 그와 비슷한 단위에서 그룹을 조직한다. 따라서 무조건 인맥의 양을 늘리는 것보다 질을 우선시하는 관계 맺기가 필요하다. 두루두루 많은 사람을 만나기보다 자기에게 꼭 필요한 사람을 여러 번 만나는 게 좋다는 뜻이다. 인맥 관리도 선택과 집중이 필요한 것이다.

둘째, 스마트 시대에는 스마트한 인맥 관리가 필수다. 인맥 관리의 기본인 주소록, 전화, 이메일, 메시지 등 소통 도구는 모두 스마트폰에 들어 있다. 스마트폰 덕에 대면對面 커뮤니케이션 못지않게 온라인 커뮤니케이션이 인기다. 상황에 따라 직접 만나는 것보다 단문短文으로 소통하는 게 더 효과적일 때도 있다. 특히 요즘은 사진이나 파일을 첨부해서 전송할 수 있어 문자메시지의 효용성이 더 높아졌다. "언제 시간 나면 한번 보자"라는 흔한 말보다는 관심과 애정이 담긴 문자메시지 한 통이 더 효력을 발휘한다는 사실을 기억하자. 또 주기를 정해 스마트폰에 있는 전화번호부를 정리하는 작업도 필요하다.

셋째, 항상 경청하는 자세를 잊지 말아야 한다. 직장인이 가장 먼저 내미는 카드는 명함이지만, 가장 마지막까지 버리지 말아야 할 비장의 카드는 바로 경청이다. 최고의 보험 판매왕에 오른 사람들의 노하우를 들어보면 고객의 이야기를 잘 들어준다는 공통점이 있다. 인맥의 깊이를 탄탄하게 해주는 비결 중 하나도 바로 잘 듣는 자세다. "1분 말하고, 2분 듣고, 3번 맞장구치라"는 소통의 기본 1-2-3 법칙을 명심하라. 입은 하나지만 귀는 두 개인 이유가 여기에 있다. 귀 기울이고 듣는 것만으로 사람의 마음을 얻는다는 이청득심以聽得心을 잊지 말아야 한다.

넷째, 입버릇처럼 내뱉는 비난 습관을 버려라. "입으로는 동료를 잃고 귀로는 동료를 얻는다"라는 말이 있다. 경청의 중요함과 함께 남을 험담하거나 비난하는 태도를 경계하는 말이다.

조직생활에서 근거 있는 비판이나 상황에 맞는 논리적인 비판은 당연히 필요하다. 하지만 그렇지 않은 비판, 즉 비난에 가까운 태도는 당연히 줄여야 하는 행동 중 하나다. 무슨 일이라도 일단 비난하는 습관이 몸에 밴 사람이 있다. 부정적인 습관이 긍정적인 습관보다 더 빠르게 몸에 내재화된다고 한다. 한번 부정적인 행동이 습관으로 형성되면 자연스레 부정적인 사고를 더 많이 하게 되고, 이런 부정적 감정이 다시 부정적인 생각으로 이어지는 악순환이 계속된다. 비난 역시 남을 비난하는 게 습관화되면 말할 때 비난어부터 튀어나오게 된다.

회사에서 가장 조심해야 할 것은 바로 '입'이다. 말은 한 사람의 입에서 나와 천 사람의 귀로 흘러 들어간다. 인맥 관리의 시작도 입이요, 끝도 입에서 비롯된다. 품격을 나타내는 품品 자에 입 구口가 3개나 있는 의미를 잘 생각해봐야 한다.

소통 노하우

김 차장의 책상에는 소통과 관련된 2가지 출력물이 붙어 있다. 지금은 삼성 계열사의 임원이 된 멘토 선배가 신입사원으로 입사한 자신에게 처음으로 보내준 글귀다. 이 글을 보며 매일매일 소통에 대해 생각하곤 한다.

소통의 1-2-3 기본 법칙

① 1분 이내로 자신의 말을 끝내라 : 간략하고 명쾌하게 핵심만 말하도록 한다.

② 2분 이상 경청하라 : 말을 끊지 말고 상대가 많은 말을 할 수 있도록 듣는다.

③ 3번 이상 긍정의 맞장구를 쳐라 : 상대방의 말에 적극적인 관심을 보이며 공감대를 형성한다.

관계와 소통의 지혜를 얻을 수 있는 〈대학大學〉의 명언

윗사람에게 당해서 싫은 일을 아랫사람에게 하지 말며,
아랫사람에게 당해서 싫은 일을 윗사람에게 하지 마라.

앞사람에게서 당해서 싫은 일을 뒷사람에게 하지 말며,
뒷사람에게서 당해서 싫은 일을 앞사람에게 하지 마라.

왼쪽 사람에게 당해서 싫은 일을 오른쪽 사람에게 하지 말며,
오른쪽 사람에게 당해서 싫은 일을 왼쪽 사람에게 하지 마라.

이것을 일러 혈구지도絜矩之道(내 마음을 미루어 남을 아는 지혜)라고 하느니라.

줄이다

스트레스는
주지도 받지도
말아야 한다!
스트레스를 줄여라

#16

독일의 예나 대학교의 한 연구팀
이 5년간 직장인 5,000명을 대상으로 직장 내 인간관계에 대해 조
사한 결과, 사무실 내에서의 인간관계가 실내 공기나 작업 환경보다
건강에 더 큰 영향을 미친다고 한다. 인간관계에 문제가 있을 때는
두통, 피로, 알레르기 질환 등 육체적인 통증뿐만 아니라 정신적 고
통까지 호소하는 경우가 많았다.

독일의 직장인과 비교해서 우리나라 직장인들의 마음은 어떤 상
태일까? 크게 다르지 않다는 조사 결과가 있다. 삼성경제연구소가
펴낸 〈대한민국 직장인의 행복을 말하다〉 보고서에 따르면, 한국의
행복지수는 OECD 36개국 중 27위로 최하위권에 속한다. 직장생활
을 막 시작한 20대 직장인 가운데 대인관계의 스트레스로 인한 감
정 변화를 스스로 통제하지 못하는 조울증 환자가 최근 5년 사이에
46.4퍼센트나 증가했다. 한국 직장인의 정신건강에도 적신호가 켜

진 것이다. 조사에서도 알 수 있듯이 직장생활을 하면서 받는 스트레스는 그 원인이 대부분 '대인관계'에서 비롯된다.

김 대리가 휴가를 내기 위해 부장에게 휴가 결재를 올렸다. 김 대리의 휴가신청서를 보고 부장이 말한다.

"김 대리, 1년은 365일이지? 하루는 24시간이고 그중 자네 근무시간은 8시간이지? 하루의 3분의 1을 근무하니까, 결국 1년에 일하는 날은 122일밖에 안 된다는 얘기야. 그중에서 52일의 일요일이 있고, 반만 일하는 토요일을 26일로 치면 겨우 44일 남는군. 그 44일을 자네가 전부 일을 하나? 밥 먹는 시간, 화장실 가는 시간, 담배 피는 시간까지 합치면 하루에 최소한 3시간은 빠진다고. 그걸 다 빼면 자네가 일하는 시간은 27일밖에 없다는 말이네. 게다가 자네 여름휴가는 열흘이지? 그럼 17일이 남는군. 그중에서 새해, 설날, 근로자의 날, 어린이날, 석가탄신일, 현충일, 제헌절, 광복절, 추석, 개천절, 한글날, 크리스마스, 그리고 회사 창립기념일까지 휴일이 총 16일이나 되는군. 결국 자네가 제대로 일하는 날은 1년에 딱 하루라 이거야. 그런데 그 하루마저 휴가를 내면 아예 놀고먹겠다는 건가? 자네도 입이 있으면 대답 좀 해보게."

그러자 김 대리가 억울한 표정으로 말한다.

"부장님, 저는 너무 피곤해요. 왜 그런지 이유를 말씀드리죠. 우리나라 5,000만 명 인구 중에 3,000만 명은 노인이나 실업자 아니면 퇴직자들이죠. 그럼 남은 인원은 2,000만 명입니다. 그중에서 1,600만 명은 학생이거나 어린이들이죠. 그럼 400만 명이 남습니다. 현재 100만 명이 국방을 위해 군대에 있거나 방위사업체 근무 중이고, 100만 명은 국가공무원입니다. 그럼 200만이 남는 거죠? 또 180만 명이 정치를 하거나 지자체 공무원들이니 남는 건 20만 명, 그중에 18만 8,000명이 병원에 누워 있으니 겨우 1만 2,000명이 남죠. 그리고 1만 1,998명이 감옥에 가 있으니 결국 두 명이 남아서 일을 하고 있다는 얘깁니다. 바로 부장님과 저! 그런데 부장님은 매일 제가 올린 보고서에 결재만 하고 있으니 실제로 일하는 사람은 대한민국에서 오직 저 하나뿐이라고요. 제가 얼마나 피곤한지 아시겠죠? 휴가를 꼭 가야겠습니다."

미국 컨설팅회사 페르소나 인터내셔널Persona International의 인력관리 전문가 존 고스틴Jon Gornstein 박사는 "직장인의 이직은 회사를 떠나는 것이 아니라 직장상사를 떠나는 것이다."라고 말했다. 직장에서는 각자 생각의 관점이나 시각이 달라 눈높이가 다를 수 있다. 이러한 눈높이 차이에서 대부분 갈등이 생기고 스트레스가 생긴다. 직장인이 스트레스를 받으면 의욕이 떨어지거나 슬럼프에 빠지게 되는데, 그렇게 되면 정신건강에 문제가 생기고 업무에 집중하지 못해 성과를 낼 수가 없다. 그러다 보면 다시 업무에 대한 스트레스가 생겨 악순환이 계속된다.

마음을 잘 정리하는 것이 직장인에게는 기본 중의 기본이다. 보통 대인관계에 대한 고민은 사람마다 정도의 차이는 있지만 누구나 갖고 있다. 어떤 사람은 대인관계에 대해 스트레스를 많이 받고, 이떤 사람은 대수롭지 않게 넘기면서 스트레스를 덜 받는다. 스트레스는 뇌물과 같아서 주어서도 안 되지만, 가능한 받아서도 안 된다.

건강한 직장생활을 하려면 자기만의 스트레스 해소법을 하나쯤은 갖고 있어야 한다. 업무 외에 자기가 좋아하는 취미활동을 하는 것이 스트레스 해소에도 좋다. 특히 업무를 떠나 같은 관심사를 가진 동료들과 취미활동을 함께하는 것도 좋은 방법이다. 그래서 많은 회사에서는 이런 긍정적인 효과를 위해 사내 동호회 조직을 운영하고 있다. 예를 들어 삼성그룹은 '동호 동락同好 同樂' 캠페인을 벌이며 임직원들의 동호회 활동을 장려하기도 했다. '동호 동락'은 말 그대로 '함께하면 좋은, 즐거움을 주는 동호회'라는 의미다.

동호회 활동은 업무에서 벗어나 스트레스를 푸는 기회이자 임직원 간 소통을 강화하고 결속력을 다지는 역할도 한다. 동호회 활동을 통해 직원들은 회사에 대한 애사심을 느끼기도 한다. 또한 업무 공간에서는 긴장감을 갖는 어떤 관계가 업무 외적인 새로운 활동에서는 전혀 다른 편안한 관계를 맺게 되기도 한다.

삼성그룹의 다양한 계열사에는 12만 명이 넘는 직원들이 3,000개에 가까운 동호회 활동을 하고 있으며('삼성의 소통 특명, 동호 동락 캠페인', 한국경제신문, 2013년 7월 21일) 매년 모든 계열사의 스포츠 동호인들이 참여하는 '스포츠 동호회 리그'도 운영하고 있다. 특히 축구나 농구와 같이 인기 있는 구기 종목은 예선전부터 많은 팀들이 참가하고 치열한 경기가 치러지는 등 큰 호응을 얻고 있다.

나만의 스트레스 대처법

스트레스를 주는 요인과 당당히 마주한다.

업무 때문에 스트레스를 받는다면 일을 미루지 말고 그때그때 처리하는 것이 스트레스를 줄이는 최고의 방법이다. 대인관계 때문에 스트레스를 받는다면 안 좋은 감정을 쌓아두지 말고 즉시 해소하는 것이 중요하다. 누군가에게 섭섭한 생각이 든다면 '화' 같은 조절하기 힘든 감정으로 이어지기 전에 서로 이야기를 나누는 것이 좋다. 상대

방은 그런 의도가 아니었는데 내가 민감하게 받아들였을 수도 있고, 상대의 의도를 오해했을 가능성도 있기 때문이다.

명상이나 기도 등 이완 요법을 적극 활용한다.

명상이나 기도를 하면 자율신경계가 이완되어 몸에 쌓인 긴장이 풀린다. 그래도 쉽게 이완되지 않을 때는 좋아하는 음악이나 행복했던 추억을 떠올릴 수 있는 음악을 듣는 것도 좋은 방법이다. 이완을 하는 동안에는 크게 심호흡을 하면서 온 몸에 힘이 빠진다는 느낌을 받는 게 중요하다.

짧게라도 햇볕을 쬐고 맑은 공기를 마신다.

특히 일조량이 적은 가을이나 겨울에는 우울해지기 쉽다. 여기에 스트레스가 가중된다면 더욱 우울해질 수 있다. 짧은 시간이라도 햇빛이 잘 드는 곳에서 휴식을 취하거나 점심시간을 이용해 맑은 공기를 마시며 햇볕을 쬐도록 하자.

숙면을 취한다.

늦은 밤에는 운동을 피하고 TV 시청이나 컴퓨터 사용 등으로 밝은 빛에 노출되는 시간을 최소화하자. 빛에 노출될수록 숙면을 취하기

어려워진다. 밤에는 가급적 조명을 끄고 음악이나 라디오를 들으면
서 숙면을 유도하는 것이 좋다.

'지금도 잘하고 있어'라며 스스로를 격려한다.

가끔은 지금까지 충분히 잘해온 자신을 격려해주는 것도 필요하다.
대부분 일을 더 잘하려 하거나 자신을 변화시키는 과정에서 스트레
스를 받게 된다. 따라서 현재의 상황을 힘들어하거나 부정적으로 생
각하지 말고 '지금도 충분히 잘하고 있어'라며 스스로를 격려해 긍정
적인 에너지를 발산하는 것이 중요하다.

마음 건강 상태 검진 항목 (3개 이상 해당하면 심리치료를 권한다.)

☐ 한번쯤 나를 객관적으로 돌아보고 싶다.

☐ 사소한 일도 자꾸 돌아보게 되고 후회하게 된다.

☐ 가까운 사람과의 관계에서 반복적으로 갈등이 생긴다.

☐ 나는 상처를 쉽게 받는 편이다.

☐ 주위 사람들이 나를 껄끄러워하는 것 같다.

☐ 나만큼 스트레스가 많은 사람은 없는 것 같다.

☐ 무기력하고 에너지가 소진되는 느낌이 든다.

– 도움말: 삼성서울병원 정신건강의학과

지금 나는
내 몸을 위한 배려를
하고 있는가?

송영민 | 송영민자세연구소 소장

삼성전자 화성캠퍼스 근골격계질환 예방운동센터 팀
장으로 활동 중이며, 제일모직, 삼성SDI, 에스티로
더, 바비브라운, 아라미스, 록시땅, 현대백화점, 김앤
장 법률사무소 등 다수의 기업체와 경희대, 명지대 등
의 학교에서 활발한 강연과 컨설팅을 하고 있다.

"여유는 마음에서 나온다. 가끔 불안에 시달릴 때도 있지만, 우리의
마음은 바른 자세를 통해 평정을 되찾을 수 있음을 알고 있다. 지금
내가 말하려는 육체적인 기품은 겉모습이 아니라 몸에서 우러나오
는 것이다. 기품은 우리가 땅 위에 두 발을 딛고 서는 방식을 존중하
는 데서 온다. 바른 자세가 불편하더라도 가식적이거나 인위적인 것
으로 여겨서는 안 되는 이유는 그 때문이다. 어려우니까 진짜다."

- 《흐르는 강물처럼》(파울로 코엘료 지음) 중에서

사람들은 일반적으로 일에 몰두하다 보면 자신의 몸보다는 일에 집중하게 된다. 어느 순간부터 자신도 모르게 거북목, 굽은 어깨, 굽은 등과 같은 나쁜 자세를 취하게 된다. 이런 자세들은 결국 목, 어깨, 허리를 쉽게 뭉치게 하고 통증을 유발한다. 이렇게 몸이 불편해질수록 우리는 일에서 잠시 손을 놓고 자신을 돌아보아야 한다. 내 자세가 바르게 되어 있는지, 근육이 지나치게 긴장되어 있지는 않은지 말이다.

그런데 막상 자세를 바르게 해보려고 해도 잘 안 되는 경우가 많다. 습관이 안 되어 있기 때문이다. 처음에는 자세를 바르게 해보려고 시도해보지만 5분도 채 지나지 않아 구부정해지기 일쑤다. 이런 경우 가장 먼저 해야 할 일은 바른 자세를 만들 수 있게 내 주변 업무 환경을 정리하는 것이다.

우선 모니터 높이가 너무 낮다면 책을 받쳐 적어도 모니터 끝단이 눈높이까지는 올 수 있게 높여주자. 그리고 모니터가 내 몸에서 너무 멀어져 있다면 팔을 뻗어 팔이 닿을 수 있는 정도까지 당겨주자. 모니터를 당겨주지 않으면 내 머리가 모니터를 향해 나아가게 될 것이다. 마우스 키보드를 팔을 뻗어서 사용하고 있다면 팔꿈치가 몸에 가깝도록 내 몸 쪽으로 당겨주자. 팔꿈치가 90~120도 사이로 유지되는 것이 좋다. 이것은 팔꿈치와 어깨 부위 통증을 예방한다.

허리 뒤에는 허리 근육이 과하게 긴장되지 않도록 쿠션을 놓아 기대어 앉아보자. 요통을 예방할뿐더러 허리 근육을 이완시켜 보다 편안하게 업무를 볼 수 있을 것이다. 의자는 허벅지가 수평이 되도록 의자 높이를 조절하고, 의자의 팔걸이는 팔을 놓았을 때 어깨가 들리지 않도록 높이를 조절하자. 또한 책상 아래에는 잡다한 물건들을 치워 발과 무릎에 걸리는 것이 없도록 하자. 책상 아래가 지저분하거나 물건이 쌓여 있으면 몸을 비틀거나 발을 벌리거나 하는 것처럼 몸을 불편하게 만든다.

마지막으로 서류 작업이나 책을 보는 등의 작업이 있다면 독서대를 구비하여 모니터 옆에 놓아두고 작업할 수 있도록 정리하자. 사람의 눈은 아래를 내려다보는 것보다 정면을 보는 것을 편하게 여긴다.

이렇게 주변 업무 환경이 정리되었다면 이제는 바른 자세 습관을 길어보자. 엉덩이를 의자 끝에 붙이고 배에 약간 힘을 준 상태에서 허리를 세운다. 그런 다음 턱을 당기고 가슴을 펴보자. 어깨는 긴장되지 않도록 힘을 빼주고, 척추가 천장을 향하도록 길게 세워준다. 마지막으로 이 자세가 지나치게 긴장되지 않도록 10퍼센트 몸에 힘을 빼고 의자 등받이에 기대어 앉는다. 그리고 마음속으로 이렇게 외쳐본다. '그래 이게 바른 자세야!'

이런 자세가 습관이 되려면 하루에 3회 5분씩 연습해주는 것이 좋다. 오전 출근하고 나서 5분, 오후 업무 시작 전 5분 그리고 오후 4~5시 사이에 5분. 이렇게 바른 자세 습관을 훈련하면 비록 처음에는 잘 되지 않더라도 며칠 지나지 않아 구부정한 자세가 오히려 어색해지는 것을 느낄 것이다.

이러한 정리와 바른 자세 습관들은 많은 시간을 필요로 하지 않는다. 당신이 업무에 지쳐 있고, 당신의 목과 어깨, 허리가 만성통증으로 시달리고 있다면 잠시라도 일에서 손을 놓고 내 자신과 주변을 둘러보자. 과연 내 몸을 위한 배려가 되어 있는 상태인가? 만약 그렇지 않다면 딱 10분만 투자하여 주변을 정리하고, 자세를 바르게 만들어보자. 이내 몸과 마음이 한결 새로워질 것이다. 10분이 결코 아깝지 않다.

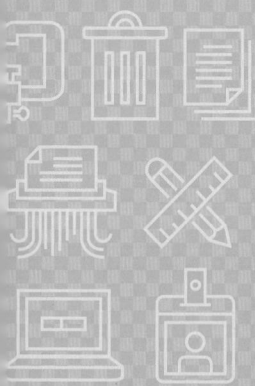

CHAPTER 4

정하다

한번 정해두면 쭉 편하다

정하라

일을
미루지 못하도록
데드라인을
분명히 정하라

#17

업무의 마감 시간이나 마감 일자를 데드라인Deadline이라고 한다. 이 말은 신문기자들이 다음 날 발행될 신문의 윤전기가 돌아가기 전에 기사를 마감하는 데서 유래되었다. 아무리 좋은 기사라도 정해진 시간이 지나버리면 무용지물이 되고 만다. 기자 입장에서 자신이 작성한 기사는 납기를 놓쳐 신문에 실리지 못했는데, 다른 신문에 같은 내용으로 특종 기사가 나갔다면 정말 죽고 싶은 심정일 것이다. 신문기자들에게는 데드라인을 지키는 것이 생명만큼 중요하다. 데드라인은 말 그대로 이 선을 넘기면 죽는 거나 마찬가지란 뜻이다.

정리 습관에서도 '데드라인'은 매우 중요하다. 회사에서의 모든 업무는 납기가 정해져 있다. 마감 기한 없이 하고 싶은 만큼 일하고 천천히 결과물 내는 것을 이해해주는 회사는 그리 많지 않다. 업무의 특성상 정해진 기한이 없는 경우도 있지만 그건 아주 예외적인 경우다. 성과를 내야 하는 회사에서 데드라인은 생명과 같다.

업무를 지시하는 사람도, 업무를 지시받는 사람도 가장 먼저 챙겨야 하는 것은 업무 납기 기한이다. "이 업무는 언제까지 보고드리면 될까요?"라고 묻거나, "지금 지시한 업무는 다음 주 수요일까지 보고해주기 바라네!"라고 처음부터 이야기해두면 서로 오해할 일이 생기지 않는다. 데드라인은 중요한 만큼 확실히 정해놓고 시작해야 하는데, 그러지 못하면 업무 트러블이 생긴다.

김 팀장은 2명의 대리에게 같은 주제로 시장조사 관련 업무를 지시했다. 이 대리에게는 일주일의 시간을 주었고, 박 대리에게는 한 달의 시간을 주었다. 과연 일주일 동안 준비한 보고서와 한 달 동안 준비한 보고서는 큰 차이를 보였을까? 결론부터 말하면 '그렇지 않다.' 보고서의 완성도는 거의 차이가 없었다.

이런 일은 회사뿐 아니라 학교에서도 빈번하다. 김 교수는 학생들에게 같은 주제의 리포트를 써내도록 했다. 절반의 학생에게는 일주일을, 나머지 절반의 학생에게는 한 달이라는 기간을 주었다. 하지만 기한 내에 리포트를 제출하지 못한 학생의 비율은 비슷했으며, 리포트의 완성도 역시 별 차이가 없었다.

일주일을 주든 한 달을 주든 보고서의 수준은 비슷하고, 기간 내에 완료하지 못하는 사람도 비슷한 수준이다. 왜 이런 현상이 생기는 걸까?

사람들은 대부분 주어진 업무를 처리하는 데 필요한 최소한의 시간을 염두에 두고 데드라인을 정한다. 하지만 그 시간에 임박해서야 일을 시작한다. 이를 두고 영국의 역사학자이자 경영 연구가인 파킨슨^{Cyril Northcote Parkinson}은 "업무는 그것을 완수하는 데 필요한 시간에 맞게 작업 시간이 늘어난다(Work expands so as to fill the time available for its completion)"라는 '파킨슨의 법칙'을 발표했다. 시간을 길게 잡아도 결국 완수하는 데 들어가는 소요 시간은 정해져 있고, 쉬운 일이라 하더라도 완료 시간 훨씬 이전에 마무리되는 경우는 거의 없다는 게 주요 주장이다. 오히려 마감 시간을 길게 잡으면 게으름만 늘어나게 되기도 한다. 주어진 시간이 많다고 해서 반드시 더 좋은 성과를 내는 것은 아니라는 뜻이다.

회사에서 프로젝트를 진행하다 보면 파킨슨의 법칙을 절실하게 느낀다. 납기 기한을 어떻게 정하든 데드라인이 임박해서야 일이 급하게 진행된다. 아무리 사전 계획에 맞춰 일을 진행하더라도 촉박한 일정에 다가가서야 일처리가 빨리 진행되는 것은 부정할 수 없다. 데드라인에 맞춰 일을 급하게 처리하는 '마감 증후군' 때문이다.

"처음 10퍼센트 작업에는 주어진 시간의 90퍼센트가 걸린다. 나머지 작업에는 남은 시간의 90퍼센트가 걸린다"는 미국 작가 아서 블로크Arthur Bloch의 말 그대로다.

마감에 급급하게 일하지 않기 위해서라도 좋은 업무 습관이 필요하다. 데드라인에 맞춰 적절하게 업무를 수행하기 위한 노하우는 무엇일까?

첫째, 먼저 마감 시간을 현실적으로 융통성 있게 추정해야 한다. 목표 일정을 무리하게 잡거나 너무 빡빡하게 일정을 잡지 않아야 한다. 업무의 성격상 돌발상황이 자주 발생한다면 일정 부분 여유 시간을 남겨두는 것도 좋은 방법이다. 물론 회사라는 곳이 마냥 여유 있게 일정을 관리할 수 없는 경우도 있다. 스스로 조금 늘어졌다고 느낄 때는 반대로 일정을 다소 촉박하게 잡아 긴장을 늦추지 않는 것도 좋은 방법이다. 이런 방법은 업무 성격에 따라 그때그때 선택하고 활용하면 된다.

둘째, 마감까지 남은 기간을 나눠서 '중간 마감'을 설정하는 것도 때론 필요하다. 마감까지 시간이 많이 남아 목표의식이 약해질 때 사용하면 좋다. 전체 프로젝트의 한 부분마다 중간 목표를 정해 중간에 마감을 해주는 것이다. 그러다 보면 실행에 대한 자신감도 생기고 새로운 동기부여도 된다.

등산을 할 때 우리는 정상을 목표로 정하지만, 산을 오르면서 중간중간 다음 목적지를 설정하면서 올라가기도 한다. '30분 후에 도착하는 약수터를 1차 목표로 하자'라고 해서 일단 거기까지 올라가면 중간 목표가 달성된 것이다. 그러면 다음 목적지인 마당바위까지를 중간 목표로 삼고, 그런 식으로 오르다 보면 어느새 정상에 오르게 된다. 중간 마감이란 바로 이러한 효과를 줄 수 있다.

셋째, 일정표를 작성해 수시로 점검해야 한다. 일정표를 체크하면 의도적으로라도 일정에 맞춰 행동하게 된다. 이러한 행동은 같은 시간 내에 더 효율적으로 일할 수 있도록 해준다.

또 시간 사용 내역을 구체적으로 파악하는 것도 필요하다. "패자는 시간에 끌려다니고 승자는 시간을 관리한다"는 말이 있다. 시계는 시간을 보기 위한 것이 아니라 시간을 만들기 위한 것이다. 이런 맥락에서 자기만의 방식으로 목표가 실행되어 가는 단계를 시각적으로 표현하는 것도 좋은 방법이다. 작업 일정과 남은 기간을 한눈에 파악할 수 있는 일정표와 체크리스트를 눈에 잘 띄는 곳에 붙여두는 것도 도움이 된다. 수시로 상황이 시각화되면 좀 더 책임감을 갖고 실행할 수 있기 때문이다. 또한 상사는 그 시각화 자료를 통해 목표가 어느 정도 실행되고 있는지를 파악하여 직원의 목표 달성을 적절하게 독려할 수도 있다.

정하라

오직 그날
**하루 동안
해야 할 일**을
정하라

#18

매일 아침 출근해 오늘 해야 할 일이 무엇인지 점검하고 있는가? 만약 "오늘 내가 해야 할 일은 무엇인가?"라는 질문에 바로 대답하지 못한다면 당신은 제대로 일을 하고 있는 게 아니다.

직장인들은 짧게는 며칠, 길게는 수개월 단위로 일정 계획을 짜고 일한다. 그렇다면 그 목표를 이루기 위해 오늘 당장 해야 할 일일계획도 나오게 마련이다. 그런데 오늘 해야 할 일을 모른다면 정해둔 목표를 이룰 수 있는 확률은 매우 낮다고 볼 수 있다. 목표를 이루려면 제대로 된 일정이 나와야 하고, 그 일정에 따라 일을 해야 한다. 업무 처리에 소요될 정확한 시간을 미리 따져봐야 하는 것도 바로 이 때문이다. 일정이나 업무 계획을 세우는 순서에 따라 방법은 두 가지로 나뉠 수 있다.

순행 스케줄링 forward scheduling

현재 시점을 기준으로 순차적으로 일정과 세부 계획을 수립할 때 주로 활용하며, 순차적으로 진행되기 때문에 목표 시점도 진행 상태에 따라 달라질 수 있다. 예를 들어 다음과 같은 경우이다.

"이번 주부터 시안 제작을 시작할 생각입니다. 그러니 전체 일정을 세워보고 그에 따라 언제 정도 마무리될지 목표일도 가안으로 산정해봅시다."

역산 스케줄링 backward scheduling

목표 시점이나 완료일을 먼저 산정해두고 업무 계획을 수립한다. 최종 목표 달성 시간을 기준으로 역산하면 해야 할 일을 알게 된다. 다음과 같은 경우이다.

"시제품 발표가 3월 31일로 확정되었습니다. 거꾸로 역산해서 설계디자인 시안이 언제까지 나와야 하는지 알려주시고 오늘부터 주간 To-Do 리스트를 작성해봅시다."

상황에 따라 순행과 역산을 혼합해 스케줄을 짜기도 하지만, 회사에서 업무 일정을 계획할 때는 주로 역산 스케줄링을 활용한다. 목표 디데이 D-Day를 정해두면 그에 따라 해야 할 일에 대한 계획을 짜는 게 쉽기 때문이다. 이는 꼭 직장인이 아니더라도 일상에서도 많이 사용하는 방법이다. 예를 들어 11월 1일에 결혼한다고 가정해보자. 그럼 그 일정에 따라 거꾸로 해야 할 일들이 순서대로 정리된다. 예식과 관련된 계획들만 예를 들어보면 아래와 같다.

D-6개월 | 예식장 예약, 결혼식 예산 계획

D-3개월 | 신혼여행 예약

D-2개월 | 예복 및 메이크업 예약

D-7주 | 청첩장 인쇄, 주례 선생님 섭외

D-4주 | 예단 보내기, 청첩장 발송

이처럼 목표 일정이 분명하면 계획도 좀 더 구체적이고 정확하게 세울 수 있다. 업무 계획을 세울 때도 마찬가지다. 순행 스케줄링을 하다 보면 현재 시점에서 모든 일들이 중요하게 느껴져 자칫 급한 일만 먼저 처리할 가능성이 높지만, 목표 달성을 기준으로 거꾸로 생각해보면 그때그때 할 일이 명확해진다. 그래서 급한 일보다는 꼭 해야 하는 중요한 일을 먼저 하게 된다. 즉 목표와 관계없는 일은 당연히 미루게 되고, 일하는 데 있어서도 고민이 줄어드는 것이다.

역산으로 일정을 짜면 그때그때 해야 할 일이 분명해진다. 지금 무엇을 해야 하는지 알게 되고, 빠뜨리지 않고 일을 수행하는지 체크리스트로 점검해보기도 편하다. 물론 주의해야 할 점도 있다. 역산으로 일정을 세우다 보면 너무 먼 일이라 여겨져 일정에 현실성이 결여될 수도 있으니 이 점을 주의해야 한다. 따라서 역산 일정이라 하더라도 구체적인 계획이 나와야 한다. 또한 투입되는 사람에 따라 일정의 차이가 생길 수 있으니 투입 인력의 경험과 역량을 고려해 일정을 수립해야 한다.

일본의 유명한 경영 컨설턴트인 간다 마사노리神田昌典가 한 말을 곰곰이 새겨보면, 역산으로 일정을 세우는 게 왜 중요한지를 새삼 이해하게 된다.

> 99퍼센트의 사람들은 현재를 보면서 미래가 어떻게 될지를 예측하고, 1퍼센트의 사람만이 미래를 내다보며 지금 어떻게 행동해야 할지 생각한다. 당연히 후자에 속하는 1퍼센트의 사람만이 성공한다. 성공하는 것은 의외로 간단하다. 미래로부터 역산해서 현재의 행동을 선택하는 습관을 갖는 것이다.

미래를 내다보면서 지금 무엇을 해야 하는지를 가늠하는 게 얼마나 중요한지를 알 수 있는 대목이다. 하지만 역산이든 순행이든 일정을 세우는 것보다 더 중요한 게 있는데, 바로 '실행'이다. 아무리 좋은 계획을 세웠다 하더라도 실행하지 않으면 아무런 의미가 없다. 전체 일정 중에서 가장 중요한 일은 바로 '오늘 내가 해야 하는 일정'이기 때문이다.

세계적인 의학계의 거장이자 세계 최고의 의대인 존스홉킨스 의대를 설립한 윌리엄 오슬러^{William Osler}는 "오직 그날 하루 동안 해야 할 일만을 생각하고 행동하라"고 말했다. 하루하루 실행에 대한 중요성을 강조한 것인데, 그만큼 실행이 없는 계획은 아무런 의미도 없다는 것을 잘 대변해준다.

삼성 실행력의 키워드

일본의 경영 컨설턴트인 혼다 켄本田健은 '부자들의 생활습관 연구'를 위해 국세청 고액납세자 명단 가운데서 백만장자 1만 2,000명을 대상으로 설문조사를 실시했다. 그 조사 결과에 따르면, 소득 수준이 높을수록 설문조사에 응하는 시간이 빨랐다. 과연 부자들은 다른 사람들에 비해 시간이 많아서 설문을 빨리 처리했을까?

그들은 어차피 해야 할 일이라고 생각했기 때문에 빨리 처리했을 것이다. 신속하고 빠른 의사결정을 내리는 습관이 부자가 되는 데 유리하게 작용한 것이다. 성공한 기업가들은 대부분 새롭게 구상한 아이디어가 있으면 그와 관련해서 24시간 이내에 뭔가를 실행한다. 그들이 가장 중요하게 생각하는 것이 바로 '실행력'이다.

실패하는 리더의 70퍼센트는 단 하나의 치명적인 약점을 가지고 있다. 그것은 바로 '실행력'의 부족이다.
오늘날 미국 경영자의 95퍼센트가 옳은 말을 하고
5퍼센트만이 옳은 일을 실행에 옮긴다.
— 미국 종합경제지 〈포춘Fortune〉

리더뿐만 아니라 조직의 구성원에게도 중요한 것이 바로 '실행력'이다. 아무리 좋은 아이디어와 계획을 가지고 있더라도 실행하지 않으면 아무 소용이 없다. 삼성에서는 1997년 신속한 실행을 통해 경영 성과를 높이는 스피드 경영의 4대 실천 키워드를 경영의 모토로 강조했다. 시장 환경이 급변하는 시대에 의사결정이나 실행 시기를 놓치지 않으려는 목적에서 만든 4가지의 키워드는 지금도 실행에서 생각해볼 만한 요소들이다.

스피드 경영 4대 키워드

■ 먼저: 기회 선점 차원에서 먼저 진입, 먼저 철수하는 기회 선점 경영

- **빨리**: 고객의 시간 절약, 업무 진행의 시간 절약 등 시간 단축 경영

- **제때**: 고객의 주문에 적시 대응하는 타이밍 경영

- **자주**: 환경 변화에 유연하게 대응하는 유연 경영

자주 하는 업무는
먼저 **프로세스**를
정해놓아라

#19

아무리 험한 숲길도 한두 사람이 꾸준히 산을 오르다 보면 길이 만들어진다. 길이 생겨 더 많은 사람들이 산을 오르내리다 보면 이정표가 생기고, 길을 몰라 헤맬 때보다 훨씬 빨리 정상에 오를 수 있게 된다. 업무를 할 때도 그렇다. 업무의 프로세스화는 길을 만드는 작업이다. 자주 하는 작업을 매뉴얼화하고 프로세스를 정해두면 시간을 단축할 수 있다.

자주 쓰는 기획서나 제안서를 예로 들어보자. 한 달에 2번씩 고객사에 제안서를 내는 업무를 한다고 했을 때 대부분 새로운 제안서를 쓰기보다는 기존의 내용을 활용하기 마련이다. 고객사에 따라 다르겠지만 공통적으로 들어가는 요소가 분명히 있는데, 이 부분을 정리해 템플릿화시켜두면 업무 처리가 훨씬 빨라진다. 그렇게 템플릿화하는 사람과 그렇지 않은 사람의 차이는 업무의 스피드 면에서 분명 차이가 날 뿐 아니라 업무 수준도 달라진다.

이처럼 일하는 시간을 절약하는 가장 좋은 방법은 일 처리를 프로세스화하는 것이다. 일부 기업들은 업무 프로세스를 지식경영시스템(KMS, Knowledge Management System)으로 만들어 직원들의 업무 지식과 프로세스를 체계화해 데이터로 보관하기도 한다. 앞으로 비슷한 유형의 일을 할 때 그 정보를 토대로 일처리를 하면 시간과 노력을 절약할 수 있기 때문이다.

이러한 일처리의 지식화는 조직 차원에서 거창하게 시스템화하지 않더라도 개인이 조금만 노력하면 일하는 시간을 대폭 줄일 수 있다. 한번 수행한 업무 자료(문서, 데이터, 산출물 등)를 업무의 성격과 그에 따른 프로세스로 분류해 저장해두면 유사한 업무를 할 때 많은 도움이 된다. 이것이 바로 일하는 시간을 절약하는 노하우다.

하지만 업무 프로세스가 되어 있더라도 주기적으로 다시 한 번 점검해볼 필요가 있다. 너무 익숙한 업무라서 별 생각 없이 처리하는 업무 중에서도 정리할 수 있는 부분이 있을 수 있기 때문이다. 매일 루틴하게 진행되는 업무 활동들을 쭉 적어보고, 가장 불필요한 활동이나 비효율적인 작업은 다시 한 번 생각해보고 가능하면 제거해준다. 예를 들어 이메일은 업무 능률을 높여주지만, 한편으로는 업무 능률을 떨어뜨리기도 한다. 스팸성 메일이나 불필요한 단체 메일의 경우가 그렇다. 직장인의 경우 하루 3시간 이상을 이메일을 사용하는 데 시간을 보낸다는 조사 결과가 있었다. 외국 제약회사의 한 CIO(Chief Information Officer, 최고정보관리책임자)는 임직원들에게 이메일 25퍼센트를 줄이자는 캠페인을 제안했는데, 그 캠페인의 내용은 이렇다.

> 단순 파일 공유를 위한 메일은 피할 것. 계속 같은 질문에 대한 메일은 회사 게시판이나 공통 영역을 활용할 것. 간단한 감사 표시의 답장 메일이나 전체 답장 메일은 줄일 것. 감정적인 문제일 때는 메일보다 직접 전화를 해서 해결할 것.

우리가 평소 이메일을 사용하면서 자주 하는 행동들인데, 이 4가지를 줄이자 생산성이 눈에 띄게 향상됐다고 한다. 이처럼 자주 하는 업무나 기존의 프로세스를 잠시 점검해보면 의외로 개선점이 생긴다.

올바른 업무 지시 5원칙

업무 프로세스를 세워 일하는 것도 중요하지만, 그러기 위해서는 먼저 업무 지시가 정확하고 올바르게 선행되어야 한다. 대부분 삼성의 관리자가 부하직원에게 업무 지시를 할 때 점검하는 주요 5가지 원칙을 통해 올바른 방법을 알아보자.

① 시간은 정확하게 명시할 것 : 해당 업무의 완료 시점, 소요 시간 등을 정확히 파악해서 전달해야 한다.

② 작업 우선순위를 재배치할 것 : 현재 진행 중인 일과 지시한 일 사이에 우선 처리해야 하는 일을 규정해줘야 한다.

③ 관계 업무를 정의할 것 : 다른 작업과 연관이 있을 경우 작업을 효율적으로 처리하도록 사전 조율해야 한다.

④ 중간보고의 형태를 정의할 것 : 작업의 진행 상황을 파악하기 위해 언제, 어떤 산출물로 할 것인지 알려줘야 한다.

⑤ 작업 측정 단위를 명시할 것 : 가능한 한 빨리 작업을 진행하는 것이 중요한지, 제한된 시간 안에 작업의 완성도를 높이는 것이 중요한지 등 작업의 측정 단위가 무엇인지 명확히 이야기해야 한다.

정하라

나를 대변하는
나만의 이미지나
콘텐츠를
하나 정하라

"인사팀 고 대리를 우리는 '고미안'이라고 불러요. 언제나 먼저 사람들에게 '고마워요', '미안해요', '안녕하세요'라는 말을 하거든요. 다른 건 몰라도 고 대리, 그 사람 태도 하나는 진국입니다."

이런 직원이 있다면 상사는 어떤 일을 시켜도 왠지 안심이 된다. "하나를 보면 열을 안다"고 하듯 그의 성품만으로도 그 직원은 일도 잘할 거라는 믿음이 생기기 때문이다. 이처럼 직장생활에서는 자기를 표현하고 잘 드러낼 수 있는 이미지 메이킹이 필요하다. '엑셀 달인', '프레젠테이션 프로', '사내 레크레이션 MC'와 같이 자기가 가장 잘할 수 있는 자신만의 콘텐츠를 가져보자.

회사 내에서는 평소 본인의 행동이 바로 이미지로 연결되는 경우가 많다. 자신이 어떻게 행동하느냐에 따라 남들에게 지각대장으로 보일 수도 있고, 회계박사로 보일 수도 있다. 직장생활을 하면서 자신을 떠올릴 때 긍정적인 이미지를 만드는 것은 전략적으로도 바람직하다. 물론 그 전에 이미지와 행동이 일치해야 한다.

처음 사회생활을 시작하는 신입사원이 자신을 어필하고 싶어 선배들에게 '초超 신입사원 ○○○'라고 본인을 소개했다고 치자. 여기에서 말하는 '초'는 일류기업을 뛰어넘어 더 나은 회사를 만들고 싶다는 강한 의지가 담긴 단어로, 달릴 주走, 칼 도刀, 입 구口로 나눠진다. 자기소개만으로도 선배들에게 강한 인상을 심어준 그는 나중에 약간만 두각을 드러내도 "아, 자네가 초 신입사원이구만" 하며 다른 사람들의 뇌리에 각인된다. 즉 그 사원은 자신의 이미지를 구축하고 콘텐츠를 만드는 데 성공한 덕에 남들보다 더 빨리 인정받을 확률이 높다.

나만의 이미지 메이킹

달릴 주走 : 빠른 실행력

모든 게 빠르게 돌아가는 스피드 시대다. '인쇄'의 시대에서 '인터넷'의 시대로 접어들면서 그 속도는 상상도 못할 정도로 바뀌었는데,

'스마트폰'의 시대가 된 이후에는 예전의 속도가 더 이상 빠르지 않은 것이 되어버렸다. 직장인에게도 '속도'는 중요하다. 생각은 심사숙고하더라도 행동은 스피드하게 해야 한다. 어차피 해야 할 일이라면 속전속결로 처리하는 게 좋다. 시간을 끈다고 더 나아지거나 하기 싫은 일에서 벗어날 수 있는 것은 아니다. 빠른 실행력은 좋은 업무 습관 중 가장 우위에 있는 항목이다.

칼 도刀 : 정확한 결단력

남보다 빠른 업무 습관을 가지고 있다면 그 다음으로 필요한 것은 바로 결단력이다. 물론 신중해야 할 필요도 있지만 신중함의 또 다른 이름은 우유부단함으로 보일 수 있다. 다시 말해 내가 의사결정을 늦게 할 때는 신중한 것이고, 다른 사람이 늦어지면 우유부단하다고 생각하는 것과 같다. 칼을 어떤 용도로 어떻게 사용하느냐에 따라 무서운 흉기가 되기도 하고 훌륭한 요리도구가 되기도 하는 것처럼, 직장인의 결단력 역시 어떻게 사용하느냐에 따라 그 값어치가 달라진다.

입 구口 : 통通하는 소통 능력

소통이 중요한 건 조직뿐만 아니라 모든 개개인에게도 마찬가지다. 축구 전반전을 마친 선수들이 라커룸에서 지친 몸과 마음을 추스르고 있었다. 그날따라 경기가 잘 풀리지 않아서인지 선수들의 몸은 피로로 지쳐 있었다. 그때 감독이 들어와 이렇게 말했다. "지금 너희들은 딱 두 가지가 안 돼 고전하고 있다. 바로 공격과 수비다."

구체적인 전략은커녕 아무런 감동도 용기도 주지 않는 뻔한 말이었다. 전반전보다 후반전 경기를 망친 건 말할 것도 없다. 조직 소통이 얼마나 중요한지 알 수 있는 대목이다. 소통疏通이 불통不通이면 구성원들은 모두 진통陣痛을 겪게 된다는 사실을 잊지 말자.

정하라

중요도와
긴급도를 따져
일의 **우선순위**를
정하라

#21

직장인의 시간관리 노하우 중에서 가장 자주 듣는 말은 '업무의 우선순위를 정하라'는 것이다. 신입사원 시절 선배로부터 일의 우선순위를 정해서 일하라는 말을 한번쯤은 들었을 것이다. 중요도와 긴급도로 나눠 일의 선후관계를 조정하고 그에 따라 일하면 문제가 없다는 말도 들었다. 하지만 실제 일을 하다 보면 그게 잘 안 된다. 도대체 왜 그럴까?

김 대리는 선배가 알려준 대로 업무가 생기면 일단 일의 우선순위를 정했다. 일을 쭉 나열한 다음 중요하면서도 긴급한 일(A), 중요한 일(B), 시간 날 때 처리할 일(C)의 3가지로 나누었다. 그런 다음 모든 일을 우선순위에 따라 처리하려고 노력했다. 하지만 어느 순간 우선순위가 뒤죽박죽이 되어버렸다. 중요하면서 긴급한 일을 처리하고 있는 도중에 상사가 다른 업무를 지시하면

하던 업무를 제쳐두고 급하게 지시받은 업무를 해야 했기 때문이다. 그러다가 나중에야 중요하면서도 급한 일을 해결하지 못했다는 사실을 깨닫게 되는 것이다.

회사라는 곳은 자기가 정한 계획대로만 일을 할 수 있는 곳이 아니다. 심지어 혼자서 운영하는 1인 기업도 때로는 업무의 우선순위를 스스로 통제하지 못하는 경우가 생긴다. 하물며 구성원이 많은 회사의 경우 중요한 일을 처리하려고 하면 돌발상황이 발생하기도 하고, 갑자기 다른 업무를 지원해야 하는 등 진행하던 업무보다 더 긴급하고 중요한 일이 생기기도 한다. 때로는 업무 목록의 가장 첫 번째로 진행해야 할 업무가 회사의 의사결정에 따라 없어져버리기도 한다. 따라서 업무의 우선순위를 정한 후에는 수시로 체크하면서 변화 관리를 해야 한다.

가장 먼저 할 일은 업무를 '중요도＋긴급도'로 우선순위를 정하는 것이다. 이 방법은 가장 사용하기 쉽고 전통적으로 많이 사용해온 방법이다. 해야 할 일을 단순히 나열하는 것보다 일단 모든 과제에 대해서 A, B, C 순서대로 분류한다. ABC 분류법대로만 정리를 해도 일의 능률은 훨씬 향상된다.

A는 업무의 중요도가 높고 반드시 신속하게 실행해야 할 일이다.

B는 업무의 중요성이 높긴 하지만 A만큼은 급하지 않은 일이다. A를 우선 처리해야 하지만, 그렇다고 B의 업무를 마냥 미뤄둘 수도 없다. 반면 C는 얼마간 미뤄두거나 일 처리를 지연한다 하더라도 큰 지장이 없는 일이다. 지연해도 될 정도로 중요도가 역시 높은 일은 아니다.

이렇게 ABC로 업무 분류를 마쳤으면 같은 A의 업무라도 좀 더 세부적으로 들어가서 우선순위를 정해야 한다. A의 업무에 4가지 과제가 있다면 그 4가지 과제에 대해 우선순위를 다시 정하는 것이다. A1, A2, A3, A4와 같이 A의 범주 내에서도 처리해야 하는 순위를 세분화해서 정해두면 일처리 순서를 고민할 필요가 없다.

때로는 동시에 일처리를 하며 효율적인 업무끼리 묶을 수도 있다. 가령 A2 업무와 B3 업무는 같이 처리할 경우 훨씬 빨리 끝낼 수 있다면 다소 중요도는 떨어지지만 B3의 업무를 동시에 처리하는 유연성도 필요하다. 그럴 경우 A2＋B3로 작성해두면 도움이 된다.

다음의 그림은 한 컨설팅 기관에서 직장인 700명을 대상으로 실시한 조사 결과로, 일반적인 직장인은 1영역에 평균 29퍼센트, 2영역에 21퍼센트, 3영역에 26퍼센트, 4영역에 24퍼센트의 시간을 할애하는 것으로 나타났다.

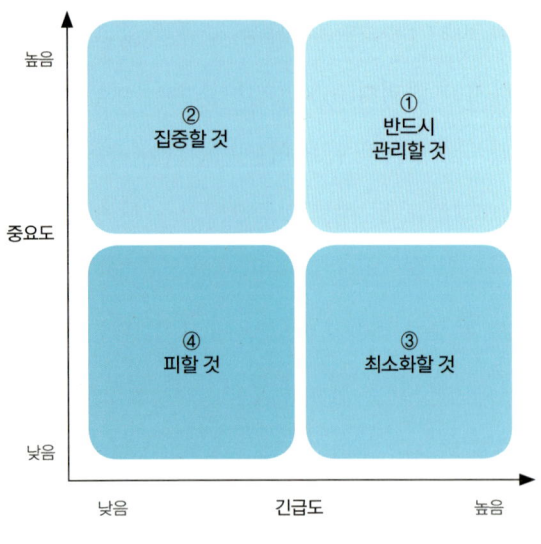

높음

② 집중할 것

① 반드시 관리할 것

중요도

④ 피할 것

③ 최소화할 것

낮음

낮음   긴급도   높음

일의 우선순위를 정하는 척도

이런 식으로 우선순위를 정했으면 다이어리나 일정표에 기록한 다음 정기적으로 재점검을 하고, 진행 상황에 대해 진척도를 기록해야 한다. 작업 내역을 간단하게 기록하고 납기를 점검해서 완료하면 완벽하게 끝나는 것이다. '완료', '진행', '취소'와 같이 본인만의 규칙을 정해 진척도를 점검하고, 업무의 특성이 바뀌면 변화 관리를 해두면 모든 게 일목요연해진다.

이러한 일정 관리는 수시로 하는 것이 가장 좋다. 하지만 그렇게 하기 어렵다면 출근한 후 10분, 퇴근하기 전 10분을 활용하면 큰 도움이 된다. 먼저 반드시 해야 할 'To-Do 리스트'를 정리한 후에 출근해서는 그날 진행해야 할 업무를, 퇴근하기 전에는 오늘 진행된 업무의 진척도와 내일 진행할 업무 등을 간단하게 메모해두면 된다. 퇴근하기 전 내일 할 일에 대해 점검을 해두면 다음 날 한결 여유가 생긴다.

일정관리 프로그램 소개

요즘은 다양한 일정관리 툴이 보편화되어 있어 자신의 성향에 맞는 방법을 활용해서 일정 관리를 할 수 있다. MS의 아웃룩^{Outlook}처럼 PC에 기본 프로그램으로 제공되는 툴을 활용하는 법이나 구글, 네이버, 다음과 같은 포털에서 제공하는 온라인 사이트형으로 관리하는 방법이 있다. 또 프랭클린 다이어리처럼 수첩형 다이어리를 구매해서 관리하는 방법도 있다. 요즘은 스마트폰에 내장된 프로그램이나 다양한 일정관리 앱을 다운받아 관리하는 방법도 인기이다. 그런가 하면 회사에서 활용하는 사내 인트라넷의 PIMS(Personal Information Management System) 기능을 통해 일정을 관리하는 방법 등 다양한

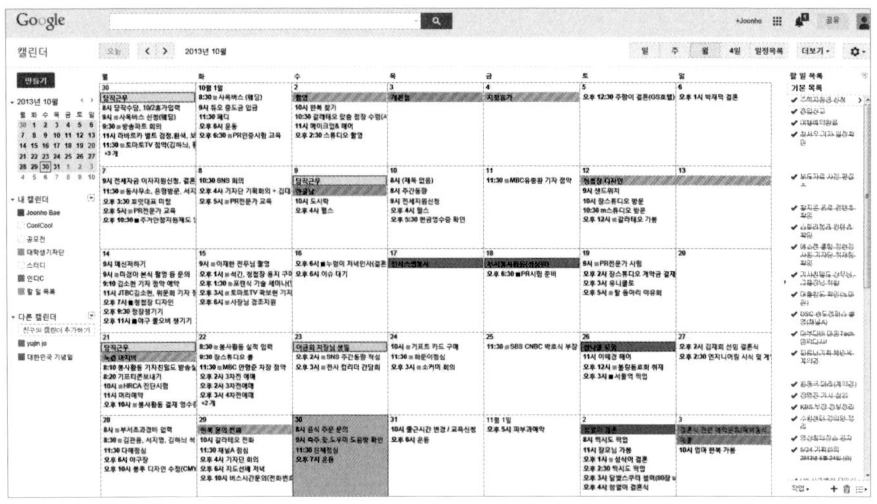

일정관리 예시

형태의 활용법이 있다.

이중 본인의 성향에 맞게 사용하되 될 수 있으면 2가지 정도를 중복

해 사용하는 것이 바람직하다. 분실이나 데이터 유실과 같이 예상치

못한 상황에 유연하게 대처하기 위해서 중복 백업용으로 적용하는

것이다.

물론 이럴 때는 두 군데에 나눠 정리해야 하는 불편을 줄이기 위해

동기화가 되는 툴을 동시에 사용하는 것이 좋다. 가령 스마트폰의 일

정관리 프로그램과 아웃룩의 일정을 서로 동기화해서 사용하면 두

군데에서 중복해 작성한 일정도 최근 기록으로 서로 동기화되는 등

편리하게 사용할 수 있다.

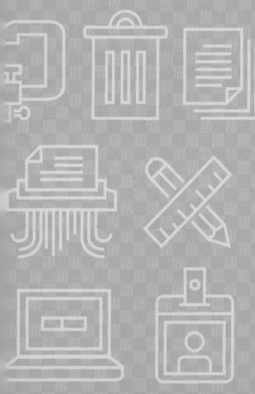

CHAPTER 5

나누다

잘 분산하면 시간을 번다

나누다

시간을
쪼개지 말고
할 일을
나눠라

#22

　　　　　　　　　　퇴근 시간이 다 되었는데도 오늘 해야 할 일을 모두 처리하지 못할 때가 있다. 하루 종일 눈코 뜰 새 없이 바빴기 때문이라고 변명해보지만 그런 변명은 더 이상 통하지 않는다. 회사는 자선단체가 아니기 때문이다. 월급을 받는 직장인이라면 회사를 위해 일해야 하는 게 맞다. 또 일을 하다 보면 업무 처리가 다소 지연될 때도 있다. 그러나 그 지연의 원인이 단순히 업무량 때문이 아니라 자기 자신 때문이라면 어떻게 해야 할까? 하루 종일 바쁘다고 말하는 직장인, 정말 시간이 없는지 살펴보자.

최소화: 불필요한 시간 사용 줄이기

　시간이 없는 건 혹시 '하지 않아야 할 일'을 하고 있기 때문은 아닐까? 업무에서는 '할 일 목록' 즉 To-Do List를 관리하는 것 못지않게 '하지 않아야 할 일 목록' 즉 Not To-Do List를 정리하는 것도 중요하다. 업무를 추진하며 보고하거나 문서를 작성하는 일은 당연히 해야 하는 일이다. 그 때문에 바쁘다면 어쩔 수 없지만, 불필요한 웹서핑을 하거나 온라인 쇼핑을 즐기고 있다면 '하지 않아야 할 일'을 하고 있는 것이다.

점심시간이나 휴식 시간에 잠깐 동영상을 보는 건 상관없지만 업무 시간에 동영상을 감상한다거나 주식 거래 사이트를 들여다보고 동료와 쓸데없는 잡담을 나누는 경우도 있다. 이런 행동들은 모두 '하지 않아야 할 일'이다. 그러다 보니 주식 거래, 온라인 쇼핑몰, 커뮤니티 등 업무와 연관이 없는 불필요한 사이트 접속을 제한하는 회사도 있다. 가장 좋은 것은 회사에서 먼저 차단하기 전에 스스로 불필요한 행동은 하지 않는 것이다.

형식적인 행사나 불필요한 회의 참석도 줄여야 한다. 시간이 없다고 투덜대지 말고 할 일과 하지 않아야 할 일을 구분하는 것이 먼저다. 하지 않아야 할 일은 바로 그만두거나, 불가피하다면 최소한의 시간으로 줄여야 한다.

규칙화: 빠른 일처리를 위한 업무 순서의 규칙 정하기

반드시 해야 하는 일도 업무 처리 순서를 정리해두거나 나만의 일 처리 규칙을 정해야 한다. 예를 들어 '오늘 반드시 끝내야 할 일',

'오늘은 착수해야 할 일'처럼 간단하게라도 정리해두자.

　업무에 따라 적절한 스케줄을 잡는 것도 필요하다. 또 집중해서 처리해야 하는 업무는 오전에 처리하는 것이 좋다. 오후에 외근이나 회의가 많다면 자칫 업무의 연속성이 떨어질 수 있기 때문이다. 그리고 가장 처리하기 힘든 업무는 업무 체력이 최고조일 때 하는 것이 좋다. 하루의 업무 피로도가 높거나 퇴근 시간에 임박해서 난이도가 높은 업무를 하려면 집중도가 떨어질 수밖에 없기 때문이다.

효율화: 사용할 수 있는 작은 시간을 알차게 활용하기

　업무와 업무 사이의 자투리 시간도 잘 정리하면 비록 '작은' 시간이지만 '크게' 활용할 수 있다. 물론 자투리 시간은 길지 않다. 따라서 그 시간에는 오래 작업하기보다 5~10분 이내에 신속하게 마무리할 수 있는 일을 하는 것이 좋다.

　예를 들어 답변 메일을 보내거나 서류 정리를 하면 짧은 자투리 시간이지만 알차게 보낼 수 있다. 일부러 시간 내서 할 일인데 그렇게 끝내버리면 시간적으로도 한결 여유가 생긴다. 자투리 시간을 이용해 피로를 푸는 방법도 있다. 직장인의 업무 습관과 관련해 '5010 법칙'이 있는데, 50분 동안 업무에 집중했으면 10분은 휴식을 취해야 한다는 뜻이다. 이는 눈의 피로도를 풀 수 있는 좋은 습관이다.

잘 쉬어야 다음 업무도 잘해내는 법이다.

　하루 중 5분 혹은 10분 정도의 자투리 시간이라고 함부로 허비해서는 안 된다. 마감에 임박해 시간 없다고 허둥대지 말고 이처럼 할 일을 나누는 것이 시간을 버는 방법이다.

나누다

파일과 폴더는
주제와 날짜별로
알기 쉽게
분류하라

#23

일하기에 가장 좋은 컴퓨터는 어떤 컴퓨터일까? 이 질문을 들으면 대부분의 사람들은 하드웨어 사양이 높고 가격이 비싼 컴퓨터라고 대답할 것이다. CPU와 메모리, 메인보드의 사양을 하나하나 따져볼지도 모른다. 하지만 높은 사양의 하드웨어를 갖춘 컴퓨터는 '좋은 컴퓨터'일지는 모르지만, '일하기에 가장 좋은 컴퓨터'는 아닐 수 있다. 일하기에 가장 좋은 컴퓨터는 파일들이 잘 정리정돈되어 있어 최적화된 환경에서 사용할 수 있는 컴퓨터다.

요즘 대부분의 업무는 컴퓨터를 활용해서 처리한다. 컴퓨터 업무를 하며 중요한 정리 습관 중 하나가 바로 파일과 폴더의 관리다. 얼마나 다양한 파일이 있느냐보다 얼마나 편리하게 찾아 쓸 수 있느냐가 관건이다. 컴퓨터 내에 검색 기능이 있으니 문제없다고 말하는 사람도 있겠지만, 더 중요한 것은 파일을 열어보지 않아도 그 내용을 짐작할 수 있게끔 분류하고 저장하는 정리 습관이다.

시장조사 업무와 관련해 참고할 만한 문서 파일을 찾는다고 가정해보자. 컴퓨터 검색 기능을 활용해 '시장조사'라고 검색했더니 47건의 파일이 검색되었다. 이때 저장 날짜만 다를 뿐 파일 이름이 모두 '시장조사'라고 되어 있다면 파일들을 일일이 다 열어봐야 한다. 애초에 저장할 때 내용과 특성에 맞춰 저장했더라면 이런 번거로움은 줄일 수 있었을 것이다.

컴퓨터에 쌓이는 대량 데이터 역시 처음부터 제대로 관리하지 않으면 나중에 전혀 활용하지 못하게 된다. 수많은 문서 파일들을 필요할 때 바로바로 찾아보기 위해서는 효율적인 관리법이 꼭 필요하다. 예전 아날로그 시대의 방법처럼 일일이 출력해 문서철을 해두는 게 아니기 때문에 조금만 더 신경 쓰면 편리하고 쉽게 데이터를 관리할 수 있다. 그 정리 요령 역시 몇 가지만 실천하면 절대 어렵지 않다.

첫째, 날짜와 파일 이름을 규칙적으로 생성해야 한다. 가령 날짜를 YYMMDD 형식(2013년 12월 10일 → 131210)으로 하고, 문서 제목을 파일 이름으로 저장했다면 모든 파일을 그런 형식으로 저장하는 것이 일목요연하다. 구체적인 제목과 날짜를 함께 명기해야만 쉽게 찾을 수도 있다. 날짜를 파일 이름 앞에 두는 것이 정렬하는 데도 도움이 된다.

둘째, 파일 이름 뒤에 문서 버전을 적어두면 나중에 최종 파일을 찾을 때도 쉽다. 가능하면 구 버전도 삭제하지 않고 보관하고, 최종 보고된 버전은 '최종 버전'이라고 따로 표기해두면 편하다. 예를 들어 '131116-모바일사업 기획안 v1.ppt'부터 시작해서 '131127-모바일사업 기획안 v6.ppt' 자료까지 작성했다고 가정하자. 여섯 번째 버전으로 보고해서 최종 보고가 완료되었으면 그 자료를 '131127-모바일사업 기획안(최종보고자료).ppt'라고 수정해두면 자료를 찾을 때 혼동을 막을 수 있다.

131116-상반기 영업실적 현황 v3
140308-신제품출시 온라인이벤트 방안 (최종보고자료)

셋째, 순차적으로 규모 순에 맞춰 정리한다. 가령 전사 자료 > 사업부 자료 > 팀 자료 > 파트 자료의 순서에 따라 분류해 정리한다. 또는 외부 자료, 회사 자료, 개인 자료처럼 자기만의 대분류를 만들고 그 안에 중분류, 소분류로 폴더를 만들어두는 식도 좋다. 이처럼 폴더를 적절한 규칙과 같은 수준으로 일관성 있게 정리해두면 가장 효과적이다. 또한 업무의 중요도와 우선순위의 순서로 분류하는 방법도 있다.

　넷째, 폴더를 기간별로 정리한다. 탐색기에 폴더가 너무 많아지면 검색에도 어려움이 생긴다. 따라서 일정 기간이 지나면 2012년, 2013년, 2014년처럼 연간이나 분기별로 폴더를 정리해두면 찾기가 한결 수월해진다.

　다섯째, 폴더를 넘버링한다. 폴더는 날짜나 크기로 정렬하지 않는

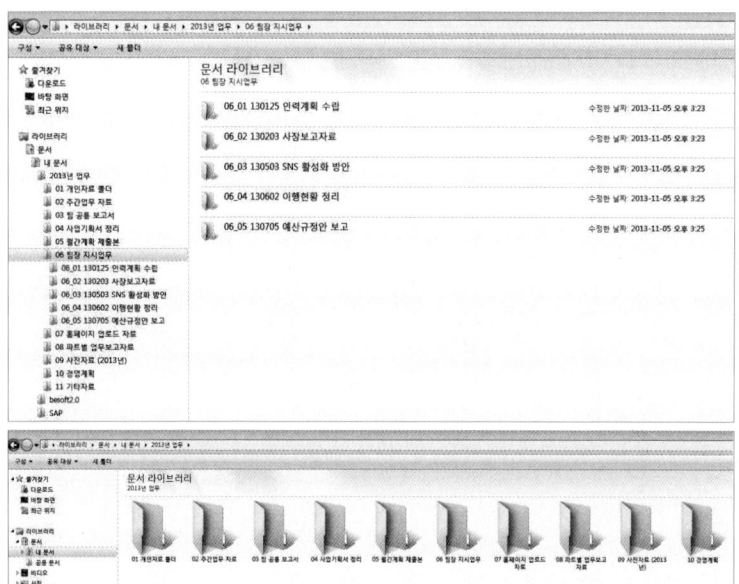

폴더 정리의 예시

한 가나다 순서 또는 ABC 순서로 정렬된다. 물론 이렇게 정리해두는 것도 좋지만, 가능하면 폴더를 '01'부터 시작하는 일련번호나 날짜로 넘버링해 두면 원하는 순서대로 정리할 수 있어 편리하다.

여섯째, 자료는 반드시 백업^{Backup}을 한다. 중요한 자료일수록 이중 백업, 삼중 백업이 필요하다. 컴퓨터의 하드디스크, 외장형 저장매체, 온라인 클라우드 컴퓨팅^{Cloud Computing} 시스템 등을 활용할 수 있다. 디지털 시대에서 정보의 유실도 자기관리 능력의 부족이다. 정보 유실을 피하려면 반드시 주기적으로 백업을 해야 한다. 주기적으로 백업을 해주는 소프트웨어를 사용해도 되고, '매분기 1회 백업'처럼 다소 귀찮지만 규칙을 정해두는 것도 좋다. 바쁜 업무 일정 중에 분기 마지막 금요일은 자료 백업이라고 정해두면 편리하다. 컴퓨터 파일은 물리적으로 손상이 되면 복구하는 데 시간과 비용이 많이 소요된다. 그렇게 해서라도 복구가 되면 다행이지만, 손상이 심하면 중요한 문서나 파일을 모두 날려버릴 수 있기 때문에 조심해야 한다.

클라우드 컴퓨팅을 활용한 백업

예전에는 컴퓨터 파일을 백업 저장해둘 때 주로 외장형 하드디스크나 USB 이동형 저장매체를 활용했다. 이러한 저장 매체는 편리한 반면 손상 혹은 분실의 우려도 높았다. 최근에는 이러한 단점을 보완하기 위해 클라우드 컴퓨팅 방식의 저장 공간(스토리지)을 많이 활용한다. 클라우드Cloud란 눈에 보이지 않는 가상 서버에 문서나 사진, 동영상 등을 저장해놓고 언제 어디서나 어떤 기기로든 접속해 이용할 수 있게 해주는 서비스를 말한다.

특히 스마트폰과 태블릿PC가 발달하면서 개인 클라우드 서비스 사용이 급증하고 있다. 각종 포털은 사이트 방문율을 높이기 위해, 통신사는 고객을 유치하기 위해 이런 서비스를 확대하고 있다. 콘텐츠 저장 공간을 무료로 제공하고 그 용량도 서로 경쟁적으로 늘리고 있다. 단순 저장만 되는 게 아니라 그 파일들을 스마트폰, TV, PC 등 다양한 기기에서 바로 보고 활용할 수 있게 되었다. IT서비스의 발전이 가져온 패러다임의 변화인 셈이다.

우리나라의 경우 대표적으로 네이버와 다음 등 포털사이트가 클라우드 스토리지 무료 서비스를 제공하고 있다. SK텔레콤, KT, LGU+ 등 이동통신사에서도 무료 클라우드 스토리지 서비스를 제공한다.

나누다

자주 사용하는
문서는
유형별로 양식화해서
나눠놓아라

#24

인터넷 브라우저에는 즐겨찾기 Bookmark 기능이 있다. 자주 찾는 웹사이트 주소를 매번 일일이 입력할 필요 없이 처음에 등록해두고 편리하게 사용하는 것이다. 즐겨찾기 페이지를 잘 정리해두면 불필요한 웹서핑이나 검색 시간을 줄일 수 있을 뿐만 아니라, 자신의 관심 분야를 정리하는 효과도 얻을 수 있다. 자주 가는 길목이 길이 되듯이 자주 가는 웹사이트를 즐겨찾기로 등록해두면 명확한 이정표가 된다.

컴퓨터에서도 단축키를 활용해 비슷한 기능을 사용할 수 있다. 자주 사용하는 기능을 매번 메뉴에서 찾아 실행시키는 게 아니라 지정된 단축키를 한 번만 누르는 것이다. 복사하기(Ctrl+C), 붙여넣기(Ctrl+V), 잘라내기(Ctrl+X), 실행취소(Ctrl+Z) 등 몇 가지만 잘 활용해도 컴퓨터 작업 시간을 줄일 수 있다.

이처럼 반복해서 사용하는 업무 양식을 정리해두면 효과적이다.

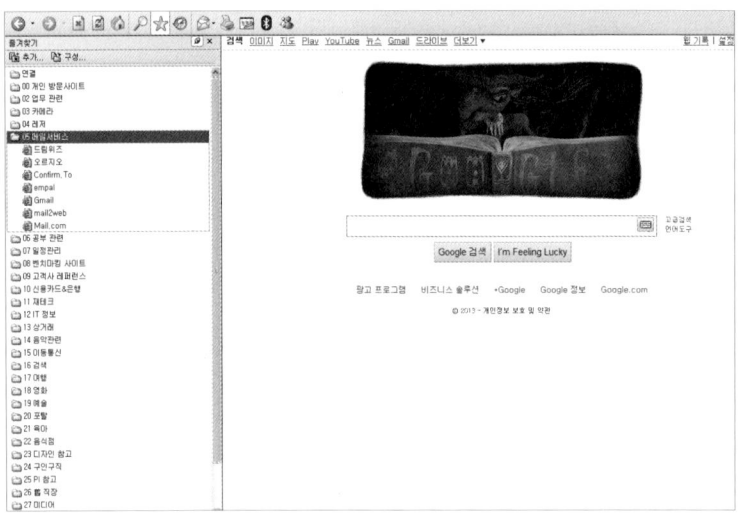

'즐겨찾기' 예시

은행이나 관공서에 가보면 접수대에 자주 사용하는 신청서가 유형별로 정리되어 있는데, 업무 처리시간을 줄일 수 있다는 게 가장 큰 장점이다. 회사 업무도 이와 마찬가지다. 자주 사용하는 문서를 유형별로 보관해두면 보고서를 작성할 때 편리할 뿐만 아니라 업무시간도 절약할 수 있다. 대부분의 보고서 형식은 유형에 따라 비슷하다. 예를 들어 시스템을 관리하는 회사의 장애보고서에는 장애 발생 시간과 장소, 장애 유형, 장애 원인, 조치 시간, 향후 대책 등이 필수적으로 들어가야 한다. 담당자가 보고서 양식을 미리 준비해두지 않았다면 매번 일처리에 허둥댈 게 뻔하지만, 표준 문서 양식만 준비되어 있다면 해당 항목의 내용만 일목요연하게 정리하면 되기 때문에 한결 업무 처리가 편하고 처리 시간도 단축할 수 있다.

양식으로 정리할 때는 폰트 크기나 문단 모양, 목차의 순서 기호 등을 일관되게 유지하는 것이 좋다. 그래야 재정리를 하거나 다른 문서에 인용할 때 그대로 편리하게 활용할 수 있다. 삼성그룹의 일반적인 보고서는 대부분 일정한 형식에 따라 작성된다. 제목과 본문의 폰트 크기가 정해져 있고, 단락과 문단 사이의 줄 간격도 상세한 가이드가 정해져 있다. 특히 여러 부서의 보고서를 취합할 때는 사전에 반드시 문서 양식을 공지해야 한다. 그러다 보니 다른 보고서의 일부분을 복사(Ctrl+C)해서 지금 작성하는 보고서에 붙여넣기(Ctrl+V)를 해도 어색하지 않게 바로 편집할 수 있는 수준이 된다. 보고서 양식의 일관성에서 얻을 수 있는 효과다.

문서를 양식화^{Format}하는 데도 요령이 있다. 무턱대고 양식을 만들어서 저장하는 것이 아니다. 일단 유형별로 작성이 잘된 문서를 많이 모은 다음 거기서 공통된 목차나 규칙을 발견하는 것이다. 특히 선배들이 작성한 문서나 전자게시에 표준으로 올라온 문서도 한번 보고 바로 삭제하지 말고 잘 모아둔 다음 분류해보면 좋다.

예를 들어보자. 장애보고서의 경우 하나의 양식만으로는 공통 양식을 만들기 어렵다. 이때 대여섯 개 이상의 각기 다른 장애보고서를 가지고 있다면 거기에서 범용적인 목차 순서를 정리할 수 있게 되고, 그게 바로 표준 양식이 되는 것이다.

　이처럼 표준 양식을 통일시킬 때 가장 먼저 고려해야 하는 것은 서식 내용에 빠진 것은 없는지와 겹치는 것은 없는지(MECE)를 확인하는 것이다(MECE는 맥킨지가 개발한 문제해결 기법으로 다양한 부분에서 유용하게 활용된다. 서로 중복되지 않도록^{Mutually Exclusive} 찾아내고, 찾아낸 것들을 다 합치면 누락된 부분 없이^{Collectively Exhaustive} 전체를 수용해야 한다는 뜻이다). 또한 문서의 양식이 그 보고서가 전달하고자 하는 정보에 잘 맞는지 검토하고 형식이 효율적으로 만들어졌는지 점검해야 한다.

삼성의 보고서 양식

1) 형식의 통일감

서체는 바탕체를 기준으로, 글씨 크기는 15.4 또는 14.4 포인트로 한다. 줄 간격은 12로 한다. (아래아한글, 훈민정음 160%, 파워포인트 1)

2) 문서의 균형미

보고서나 기획서는 전체적으로 볼 때 보기 좋은 균형을 이뤄야 한다.

문서의 시작과 마지막, 상하좌우 여백 등을 맞춰야 한다.

3) 한자 활용

강조할 단어, 의존명사, 한글만으로는 의미가 불분명한 단어에 대해

서는 한자를 활용한다.

4) 띄어쓰기

명사와 명사는 붙여 쓰며, 목적어와 서술어는 띄어 쓴다.

예) 기업문화, 문서 작성

5) 기타

중요한 부분은 굵은 글씨 효과나 밑줄을 사용한다.

집중 효과나 강조하기 위해서는 박스를 사용한다.

그림이나 표는 1페이지에 1개 정도만 사용한다.

서술어는 가급적 한 가지 유형의 명사형으로 종결한다.

예) ~임, ~함, ~음

 나누다

한 가지 방안만
제시하지 말고
대안을 나눠
보고하라

#25

보고를 하거나 업무를 진행할 때면 추진 방안을 정리해야 하는 경우가 많다. 여러 시행착오를 거친 다음 가장 좋은 최선안을 찾을 수 있다면 좋겠지만, 회사는 그리 여유 있게 일할 수 있는 곳이 아니다. 한정된 시간, 예산, 인력을 갖고 있는 회사 입장에서는 그런 식으로 일하면 운영하기가 힘들어진다. 따라서 사전에 다양한 각도에서 조사와 분석을 진행하고 시뮬레이션도 해본다. 그러고 나서 최종적으로 가장 최선이라고 생각하는 방안으로 추진하는 것이 일반적이다. 여러 가지 방안 중 가장 좋은 안을 선택하는 것도 꼭 필요한 업무 습관이다.

"팀장님, 제가 조사해보니까 대여섯 가지 방법이 있겠더라고요. 이중에서 어떤 방법으로 진행하면 좋을까요?"

보고 사안에 대해서는 항상 대안을 마련하는 것이 중요하다. 보고는 현상이나 사실을 단순 설명하는 것이 아니라 어떤 사안에 대해 분석하고 해결방안을 제시해야 한다. 따라서 보고할 때 문제가 있을 수 있는 사안에 대해서는 대안을 마련해두어야 한다. 최선책인 1안을 준비하면서도 차선책의 대안을 몇 가지 준비한다. 압축된 대안들에 대해서는 각기 장단점을 정리해둔다. 상사가 1안에 대한 보고를 받다가도 2안이나 또 다른 대안에 대해서 요구할 수도 있기 때문이다. 대안 제시 준비성이 업무 능력의 차이일 수도 있다.

그렇다면 대안은 몇 가지로 준비하는 것이 가장 좋을까? 많이 준비했다는 걸 보여주기 위해서는 무조건 많을수록 좋은 것일까? 결론적으로 말하면 많은 대안은 오히려 독이 된다. 아무 생각 없이 대안만 나열해서 제시하면 고민이 전혀 없는 보고서처럼 보인다. 사안에 따라 다르겠지만 통상 3~4가지 이내로 대안을 준비하는 것이 바람직하다. 또한 이 정도의 대안을 제시해야만 채택될 확률도 높다. 중요한 핵심 메시지를 설명할 때 3가지 정도의 핵심 메시지가 상대에게 신뢰를 줄 수 있는 것처럼, 많지도 적지도 않은 수의 대안이 가장 적절하다.

여러 가지 대안 중 어느 최적안을 선택할지의 평가 방법은 다양하다. 대안의 장단점을 각기 1:1로 비교해 선택하는 1:1 비교법

(Paired Comparison), 각 대안마다 평가 항목을 정해 점수를 매겨 평가하는 종합평가점수 산출법(Grid Analysis), 필요조건과 충분조건이라는 2개의 독립적 단계로 분리해 실시하는 KT 평가법(Kepner & Tregoe) 등이 있다.

회사 업무에서는 종합평가점수 산출법의 형식을 흔히 사용한다. 이 평가 방법은 어떤 항목을 선정하느냐, 평가 항목의 가중치를 어떻게 두느냐가 중요한 요소다. 한눈에 장단점을 측정하고 비교할 수 있어 많이 활용한다. 단, 대안들을 체계적이고 공정하게 평가하기 위해서는 모든 평가 항목을 측정 가능한 항목으로 정해야 한다. 일반적으로 평가 항목은 비용, 효과, 리스크처럼 진행상 고려할 영역으로 구분한다.

항목 (가중치)	대안 A	대안 B	대안 C
평가항목 1 (30)	24	27	21
평가항목 2 (25)	18	22	17
평가항목 3 (25)	20	21	21
평가항목 4 (20)	13	17	19
평가점수 합계	75	**87**	78

종합평가점수 산출법 예시

 나누다

하루 30분
자기 자신과
온전한 시간을
나눠라

#26

직장생활을 하다 보면 쉴 틈 없이 매일 바쁘다. 하지만 아무리 바빠도 하루에 30분 정도는 자기만의 시간을 가져야 한다. 잠시 사무실을 벗어나 회사 근처 카페를 찾아 좋아하는 커피를 한잔 하거나 건물 주변을 산책하는 것도 좋다. 보고서를 쓰다가 좋은 생각이 떠오르지 않을 때는 컴퓨터를 잠시 절전모드로 꺼두고 책상에서 떨어져 있는 것도 방법이다. 기분전환이나 물리적인 공간의 이동이 새로운 생각을 떠올리는 데는 효과적이다. 책을 한 권 꺼내 들고 아무도 없는 회의실에 들어가서 잠깐이라도 집중해서 독서를 해보는 것도 좋다. 아마 이 같은 '30분'의 효과를 체험한 사람이라면 업무가 막히거나 답답할 때 적절한 '쉼표'를 활용할 수 있을 것이다.

너무 바빠 근무 시간 내에는 시간을 내기가 어렵다면 점심시간에라도 최소한의 쉼표를 만드는 습관이 필요하다. 한 조사 결과에 따르면 직장인 50퍼센트는 점심식사를 하는 데 점심시간의 15~20분 이내의 시간을 소비하는 것으로 나타났다. 한 시간의 점심시간 중 밥 먹는 데는 3분의 1밖에 사용하지 않는 것이다. 점심시간은 단순히 식사 한 끼를 때우는 시간이 아니라 매일같이 직장인에게 30~40분의 여유를 주는 귀중한 시간이다.

하지만 대부분 이런 시간을 의미 없이 인터넷서핑을 하거나 게임하며 허비하곤 한다. 물론 게임으로 스트레스를 푼다면 상관없지만, 그렇지 않다면 좀 더 알찬 시간으로 바꾸는 노력이 필요하다. 한 취업포털 사이트에서 조사한 바에 따르면, 직장인이 점심시간을 활용해 가장 하고 싶은 일은 강의 수강, 운동, 취미생활, 독서, 동호회 활동, 인맥 관리 순이었다. 그러나 실제 점심시간을 어떻게 보내느냐는 질문에는 휴식, 인터넷서핑, 동료와 대화, 낮잠, 운동 순으로 대답했다. 실제 생각대로 잘 활용하지는 못하고 있는 것이다. 이 같은 대목에서도 정리 습관을 의식적으로 상기하고 실행하려 노력하는 것이 얼마나 중요한지 알 수 있다.

가장 많이 답변한 '휴식'이라도 제대로 취한다면 점심시간의 역할은 충분하다. 동료들과 솔직한 수다를 통해 감정 회복을 하거나 에너지를 얻을 수 있다. 피로를 풀기 위해 낮잠을 잤다면 짧은 숙면으로 건강과 업무 집중력에도 도움될 것이다. 짧은 시간이지만 산책이나 빠른 걸음의 걷기는 낮잠보다 두뇌 휴식에 더 좋은 효과가 있다. 꼭 거창한 자기계발이나 학습이 아니더라도 이처럼 리프레시 효과를 얻을 수 있도록 점심시간을 잘 활용하는 것이 필요하다.

직장인의 점심시간은 매일 주기적으로 반복되는데다가 길지 않은 시간이라 상대적으로 부담감이 덜하다. 따라서 자투리 시간을 잘만 활용하면 최적의 시^時테크 효과를 볼 수 있다. 짧은 시간이니만큼 뭐든 한 가지만 정해서 하는 것이 가장 좋다.

일의 강약과
완급을 조절하라

공병호 | 공병호경영연구소 소장

치밀한 분석과 명쾌한 논리로 경제 흐름을 진단하고, 삶의 성공전략을 전파해 온 공병호 소장은 다양한 방송 활동과 경영자문, 그리고 자기경영아카데미 운영을 통해 국내 최고의 변화관리·경제경영 전문가로 인정받고 있다.

휴식을 취할 때는 최대한 느슨해지는 것이 좋다. 그 방법은 의도적으로 익혀야 한다. 문제는 열심히 일할 때가 아니라 쉼표 찍는 방법을 실천하지 않을 때 발생하기 때문이다. 사람은 나이가 들수록 지구력이 조금씩 떨어진다. 스스로 체력을 잘 유지하는 사람이라면 크게 느끼지 못하지만, 젊은 날의 체력에 비해 서서히 힘이 약해지는 일은 피할 수가 없다.

신체의 노화 현상으로 가장 크게 느껴지는 것 하나가 바로 눈의 피로도 증가다. 물론 그렇지 않은 사람들도 있지만, 대다수 사람들은 이를 피할 수 없다. 시력 문제 때문에 고심하는 사람들에게 안과 전문의들은 40~50분마다 초록색을 보라고 말한다. 실제로 숲이나 나무를 10여 분 동안 바라보면 눈의 피로가 풀리는 것을 느낄 수 있다. 초록색은 눈의 시선을 골고루 분산시키는 기능을 갖고 있기 때문이다. 대부분 사람들은 컴퓨터 작업을 많이 하기 때문에 시력을 보호하는 일이 중요한 과제다. 잘 알려졌다시피 시력을 조절하는 근육은 장시간 컴퓨터 작업에 익숙해지면 근육 자체의 힘이 줄어든다. 따라서 일의 강약과 완급을 조절할 때는 눈의 피로를 고려해야 한다.

이처럼 장시간 노동이 가져오는 폐해를 방지할 수 있는 다른 방법은 없을까? 모든 사람에게 통하는 비법은 없다. 하지만 내가 자주 사용하는 몇 가지 방법들은 보통의 직장인에게도 도움이 되리라 생각한다. 나는 주로 개인 공간을 이용하기 때문에 타인의 시선을 크게 의식하지 않고 업무를 볼 수 있다. 그런데 업무에 몰입하다 보면 내가 생각해도 지나치게 장시간 일에 매진할 때가 있다. 점점 더 업무에 매몰되어 신체의 피로도가 악화됨을 느끼지만 좀처럼 업무를 그만두지 못하는 상태가 발생한다. 이때 나는 스스로에게 강제적인 조치를 취하는데, 주로 육체적인 운동으로 생활에 마침표를 찍곤 한다. 업무 공간을 벗어나 5~10분 정도 가볍게 스트레칭을 하거나 실내에서 이리저리 걷는 것이다. 좀 더 오랜 시간 동안 마침표가 필요하면 간단한 기구 운동이나 근력 운동 등으로 한동안 두뇌를 쉬게 해준다.

아무튼 컴퓨터로부터 한동안 눈을 떼는 것만으로도 효과가 있다고 생각한다. 그런데 가끔은 이런 방법으로 이완이 되지 않을 때가 있다. 그러면 나는 어김없이 가벼운 복장으로 트레드밀에서 걷다가 뛰는 방법을 선택한다. 가장 확실한 방법은 걷거나 뛰는 것이라고 생각한다. 30~40분 정도가 소요되기 때문에 자주 할 수는 없지만 지나치게 업무에 매달릴 때 강제적으로 일을 중지시킬 수 있다.

아예 컴퓨터를 꺼버리는 방법도 있다. 이는 상징적인 효과뿐만 아니라 실질적인 효과를 낸다. 다시 컴퓨터를 켤 때까지는 업무를 중지할 수 있다. 또한 특정 프로젝트가 마무리되었을 때, 혹은 다른 프로젝트를 시작하기 전에 일종의 의식을 행할 수 있다. 현재 업무에서 완전히 벗어나 세상에서 가장 편안한 자세로 휴식을 취하는 것이다. 소파나 쿠션, 독서용 안락의자 등에 앉아 자신이 가장 좋아하는 일을 하면서 반나절이나 하루 정도 휴식을 취한다. 이처럼 잠시 업무 공간을 벗어날 수 있는 방법은 얼마든지 있다. 익숙한 공간에 약간의 변화를 주어도 늘 똑같은 작업대에서 해방된다는 느낌을 얻을 수 있고 심리적으로 크게 이완된다.

−《습관은 배신하지 않는다》(공병호 지음, 21세기북스, 2011년 10월)에서 발췌

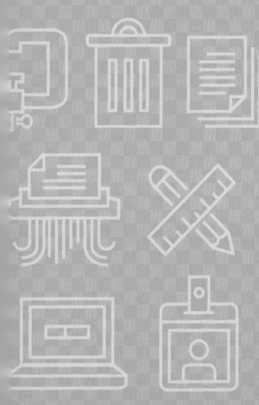

CHAPTER **6**

바꾸다

나쁜 생각과 습관을 바로잡다

 바꾸다

근태는
마이너스가 아닌
곱하기라서
한번 실수하면
제로가 된다.
근태 습관을 바꿔라

#27

삼성그룹이 기획한 열린 개념의 토크콘서트 '열정락^樂서'는 청춘들과 열정, 꿈, 도전을 이야기하는 소통의 장이다. 젊은이들이 선호하는 유명인이나 사회 각계 저명인사 외에도 삼성그룹 임직원이 강연 연사로 등장하는 게 가장 큰 특징이다. 삼성의 한 계열사 인사팀장이 이 콘서트에 강연자로 나와서 취업을 준비하는 학생들에게 이렇게 당부했다.

"삼성의 채용 역시 스펙이 아닌 기본기와 판단력을 본다. 가장 매력적인 인재는 내가 하고 싶은 분야에 대해 넓고 깊은 기본기를 가진 사람이다."

당연한 말처럼 들리겠지만 그 인사팀장이 강조하고자 한 것은 바로 '기본기基本技'다. 우리는 모든 것의 시작이 기본기라는 말을 자주 듣는다. 악기를 배우거나 운동을 처음 시작할 때도 기본기의 중요성은 무시할 수 없다. 삼성의 모든 신입사원은 입사를 하게 되면 일정 기간 합숙을 하며 신입사원 연수 과정을 거친다. 이 기간 동안 가장 강조되는 것 역시 '기본기 배양'이다. 그렇다면 직장인의 기본기는 어디에서 비롯되는 것일까?

아마도 기본기의 시작은 '근태'라고 대답하는 사람이 많을 것이다. 학생의 기본이 학교 출석이듯 직장인의 기본은 조직생활 근태다. 매일 1분도 늦지 않고 정확하게 출근하기, 근무 시간에 몰입해 일하기, 퇴근 시간 잘 지키기 등은 매우 당연하지만 의외로 지키기 쉽지 않다. 피치 못할 사정이 생겨 지키지 못하는 경우도 있지만, 습관적으로 근태를 어기는 직장인도 있다. 그러한 습관이야말로 바로 정리대상 1순위다. 10분쯤 지각하는 걸 대수롭지 않게 생각하거나, 근무 시간 중에 딴 일을 하는 게 습관이 되면 그것만큼 위험한 일도 없다. 한두 번 근태를 게을리하면 금세 몸에 배어 스스로 근태를 어기는 것에 관대해지기 마련이다. 자신에게 관대한 사람은 결코 훌륭한 구성원이 될 수 없다.

직장인들의 성과 평가에서 근태 관리는 기본이다. 근태에 있어 실수가 많으면 가장 큰 마이너스 요인이 된다. 아무리 일을 잘해서 플러스가 계속 쌓였더라도 근태가 나쁘면 마이너스가 쌓여 좋은 평가를 받을 수 없다. 심지어는 곱하기 0이 되면서 원점으로 돌아가기도 한다. 근태를 잘 지키면 일단 성실하다는 강한 인상을 남길 수 있다. 학창 시절 가장 의미 있는 상은 우수상이 아니라 개근상이었다는 것을 잊지 말아야 한다.

근태 관리는 스스로… 삼성의 스마트워크 제도

스마트폰, 태블릿PC, 클라우드 컴퓨팅 기술이 대중화되면서 언제 어디서나 업무를 처리할 수 있는 환경이 만들어졌으며, 기업들도 스마트워크 환경을 도입하고 있다. 삼성경제연구소가 펴낸 〈한국 기업의 워크 스마트 실천 방안〉 보고서에 따르면 국내 기업 CEO의 80퍼센트가 3년 내 업무 환경이 모바일 중심으로 변할 것이라고 응답했으며, 57퍼센트는 현재 스마트워크 환경을 도입하거나 3년 내 도입 예정인 것으로 조사됐다. 이에 따라 삼성도 다양한 스마트워크 제도를 시행하고 있다. 자율출퇴근제, 재택근무제, 탄력근무제 등이 이에 속한다.

삼성전자는 '하루 4시간 근무제'를 활용한다. 주당 40시간 요건만 채운다면 하루 4시간만 일해도 전혀 문제가 없다. 예를 들어 목요일 오후를 개인적으로 활용하고 싶다면 월~금요일의 주 5일 근무를 월요일 8시간, 화요일 8시간, 수요일 12시간, 목요일 4시간, 금요일 8시간과 같이 안배하면 된다. 월~목요일은 9시간씩 근무하고 금요일 오전(4시간)만 일한 뒤 조기 퇴근해 주말여행을 떠나는 것도 가능하다.

제일모직 케미컬 연구소는 개인 책상을 없애고 책상을 공유하는 이른바 '핫 데스킹Hot Desking' 방식을 활용한다. 이를 통해 사람들이 앉는 위치가 자주 바뀌게 되면서 이전에는 대화가 거의 없던 직원들 간에도 소통이 늘어나고, 아이디어 교환도 확산되는 긍정적 효과를 가져왔다.

삼성SDS는 언제 어디서나 자유롭게 일할 수 있는 거점별 공용 사무실(AWZ, Adaptive Working Zone)과 자택에서 원격으로 업무를 하는 싱글 오피스를 활용한다. 출근길 러시아워로 고통받을 필요도 없고 육아를 담당하는 여성이라면 집에서도 업무를 볼 수 있다.

나보다 남을
먼저 만나는 것이
'나의 평판'이다.
평판을 바꿔라

#28

회사생활을 시작하면서부터 나를 계속 따라다니는 것이 평판評判이다. 많은 회사에서 경력사원을 채용하기에 앞서 평판 조회Reference Check를 한다. 평판 조회는 최종 합격 여부를 결정하기에 앞서 지원자의 학력, 자격증, 직무 경력이나 다양한 품성 등을 알아보는 것이다. 지원자의 상사, 동료, 부하, 친구 등을 통해 사실 여부를 확인하는 일종의 안전장치다. 공정하고 신뢰도 있는 조사가 선행된다면 지원자에 대해 정확하게 알 수 있다. 같이 일했던 동료들에게 직접 그 사람의 품행에 대해 이야기를 듣는다는 게 비인간적으로 생각될 수도 있지만 채용을 하는 입장에서는 반드시 필요한 절차다. 능력을 높이 평가해 채용했는데, 동료들과 잘 어울리지도 못하고 독단적인 행동으로 팀워크에 지장을 초래한다면 그 채용은 실패한 것이다. 기업의 의뢰를 받아 평판 조회만 대행해주는 헤드헌팅회사의 서비스도 늘어나고 있다.

실제로 잡코리아가 기업 인사 담당자 418명을 대상으로 한 설문 조사에 따르면, "직원 채용할 때 평판 조회 얼마나 하나?"란 질문에 51.4퍼센트가 "평판 조회 한다"라고 답했다. 또한 "평판 조회 결과 때문에 탈락시킨 지원자가 있나?"라는 질문에는 무려 71.6퍼센트가 "있다"고 답했다.

그렇다면 채용 과정에서 예전보다 평판 조회가 더욱 강조되고 있는 이유가 뭘까?

첫째, 입사지원서 또는 이력서의 진위 여부의 판단이 어려워졌기 때문이다. 온라인 취업사이트에서 구직자를 대상으로 실시한 설문조사에서 "학력, 경력, 특기 등을 과장하거나 허위로 작성한 경험이 있는가?"라는 질문에 33퍼센트가 "그렇다"고 답한 것만 봐도 그렇다.

둘째, 면접에 대한 서적, 강의, 자료들이 웹사이트에 넘쳐나면서 면접 꾼들이 생겼기 때문이다. 특정한 회사의 면접 후기와 노하우를 공유하는 사이트도 우후죽순 생겨났다. 인사 전문가들이 면접을 진행하지만 그에 못지않게 면접의 달인들도 늘어나고 있는 것이다. 따라서 면접 기술만 뛰어난 구직자들을 면접만으로는 정확하게 평가하기 어려워졌다.

셋째, 객관적인 이력서 데이터보다는 구직자를 직접 평가할 수 있는 면접의 중요성이 더욱 높아졌기 때문이다. 아무리 능력이 뛰어난 사람도 나중에 조직에서 불협화음을 일으킬 수 있어 인사 담당자들도 한번쯤은 검증을 받고 싶은 것이다.

이외에도 비슷한 능력을 갖춘 구직자가 있을 경우 이왕이면 좋은 평판의 사람을 뽑고 싶은 것이 기업의 바람이다. 점차 능력보다 대인관계가 중요시되고 있기 때문이다. 이럴 경우 평판 조회는 그 사람의 경쟁력을 가늠하는 또 하나의 잣대가 될 수 있다.

그렇다면 평판 조회는 주로 어떤 것을 보는 걸까?

- 인간관계 평판, 커뮤니케이션 평판
- 조직 융화력 평판
- 리더십 평판(팀워크, 리더십, 책임감, 판단력, 추진력 등)
- 업무 스타일 평판(업무상 강점과 약점, 성공과 실패 사례 등)
- 개인 능력 평판(전 직장에서의 업무 성과 등)
- 이직 사유(객관적 이직 사유 등)
- 이력서 등 제출 서류의 진실성 파악(학력, 경력사항, 부서, 직무수행 여부 등)
- 기타(신용 상태, 개인사 등 직장생활에 영향을 끼칠 수 있는 주요 상황)

이외에 구직 특징에 따라 좀 더 추가적인 조사를 하기도 한다. 예를 들어 영업직을 뽑는다면 고객사의 평가나 카운터 파트너와의 관계도 조사하고, 관리직의 경우 냉철한 판단력과 올바른 기획력을, 연구직은 강한 끈기와 추진력 등을 조사한다. 이처럼 나 자신보다 다른 사람에게 먼저 선보이는 게 바로 '평판'이다. 나에 대한 진실한 평가는 다른 사람의 입에서 나오는 것이다.

그렇다면 평판 관리는 어떻게 해야 할까? 외모Appearance, 능력Ability, 태도Attitude의 3가지 A를 잘하면 된다. 자세히 살펴보면 이 3가지 A는 정리 습관과도 연결된다.

첫째, 외모는 단정하고 깔끔하게 정리한다. 빼어난 외모로 사람을 평가하고 좋은 평판을 얻으라는 게 아니라 단정하게 정리된 복장과 깔끔한 외모로 자신을 어필하라는 뜻이다. 잘생긴 것과 호감을 주는 외모는 다르다. 적어도 자신의 인상은 스스로 바꿀 수도 있다는 말이다. 항상 인상 쓰고 웃지도 않는 표정을 할지, 밝고 긍정적인 표정을 할지는 각자의 선택이다. 하지만 명심해야 할 것은 '관상'을 보는 세상이 아니라 '인상'을 보는 세상이라는 점이다. '인상'이 '인생'을 바꾸기도 한다는 사실을 잊지 말기 바란다.

둘째, 능력은 직장인의 기본 요소다. 외모는 선천적인 요소에 의해 좌우되지만, 능력은 순전히 후천적인 요소다. 자신의 노력 여하에 따라 능력은 변하게 마련이고, 일 잘하는 사람은 더 좋은 평판을 얻을 수 있다.

셋째, 태도는 평판의 가장 중요한 요소다. 외모나 능력에 비해 후천적인 노력으로 얻을 수 있는 것이 바로 그 사람의 태도에서 오는 평판이다. 직장생활을 하다 보면 상사로부터 "태도 좋은 직원이 최고다"라는 말을 심심찮게 듣게 된다. 나 역시 직급이 낮을 때는 몰랐는데 관리자가 되면서 그 말의 의미를 구구절절하게 느끼게 된다.

평판의 모든 것은 자기 자신으로부터 시작된다는 것을 잊지 말아야 한다. 잘되었든 그렇지 않든 모든 원인은 자기 자신에게 있다. 《좋은 기업을 넘어 위대한 기업으로》의 저자 짐 콜린스Jim Collins도 이와 비슷한 이야기를 했다. "성공한 기업의 리더들은 일이 잘 풀릴 때 창밖을 보면서 '운이 좋았지' 하며 외부에 공을 돌리고, 일이 잘 풀리지 않을 때는 거울을 보며 자신에게 책임을 돌린다. 그러나 실패한 기업의 리더들은 이와 반대로 일이 잘되면 '내가 대단하지' 하고, 잘 안 되면 '운이 없었다'고 핑계를 댄다."

삼성의 사내 직무전환 제도

기업에서 채용을 진행할 때 구직자와 면담을 통해 희망 직무에 대한 의사를 확인하는 절차가 있다. 하지만 실제로 직무를 배치할 때는 조직 특성상 모든 사람의 희망 직무를 100퍼센트 반영할 수 없다. 특히 신입사원을 대규모로 채용할 때는 더욱 그렇다. 삼성에서는 '사내 직무전환 제도'로 이러한 운영상의 문제를 보완하고 있다. 한 가지 직무에 대한 일정 경력을 쌓으면 사내 공모를 통해 직무 전환의 기회를 제공하는 형태로 운영된다.

'직무 오픈', '오픈 커리어존', '잡 챌린지', '커리어 마켓' 등 다양한 명칭으로 불리지만 이 제도의 핵심은 모두 동일하다. 자신의 장점을 부각시켜 회사 내부에 매물로 내놓으면 필요로 하는 부서가 그 사람을 선택하는 것이다. 자신의 적성에 맞춰 근무할 수 있는 기회를 제공하기 때문에 만족도와 생산성을 높여주는 효과도 있다. 직원은 스스로 자신의 커리어를 분석해 회사에 어필하는 작업이 필요하고, 회사는 그 직원의 의사를 존중하기 위해 보안을 철저히 유지해 어떤 불이익도 없도록 하는 것이 필요하다.

이러한 제도에는 채용 시장 논리가 그대로 적용된다. 직무전환 시장에 나선 직원의 매력도가 별로라면 어느 부서도 그 사람에게 관심을 갖지 않을 것이다. 아무리 충원 인력이 급하다고 해도 직무전환 시장에 나온 낯선 직원을 앞뒤 고려하지 않고 덥석 받아들이는 부서장은 없다. 여기에서도 가장 중요하게 생각하는 것이 바로 '평판'이다.

직무전환 제도를 통해 자신을 어필하고자 하는 직원은 최근의 업무 성과에 대해 객관적으로 기술한다. 회사 내부 시스템을 통해 그 사람의 업무 성과를 바로 조회할 수 있기 때문이다. 하지만 업무 기술보다 더 중요한 것이 바로 그 사람의 인성과 평판이다. 우리 부서에서 받아들였을 때 기존 구성원들과 조화를 이뤄낼지, 팀워크를 해치지는 않을지 고려하게 된다.

흔히 이직을 할 때만 평판이 중요하다고 생각하기 쉽다. 하지만 이직할 때뿐 아니라 회사 내부에서 더욱 빛을 발하는 게 평판임을 잊어서는 안 된다.

바꾸다

제대로 질문하고
답변하라.
**굳어진 언어 습관을
바꿔라**

#29

하루에도 여러 차례 지시와 보고가 오가는 곳이 회사다. 그만큼 제대로 질문하고 제대로 답변하는 스킬이 필요하다. 특히 답변을 잘하는 것은 매우 중요하다. 어떤 질문에 대해 답변하는 자세를 보면 그 사람의 일 처리 능력을 짐작할 수 있다.

지금까지 정리 습관이 업무 수준을 끌어올리는 사례를 이야기했는데 답변 습관도 마찬가지다. 답변하기 전에는 가장 먼저 무슨 내용을 이야기할지 일목요연하게 정리해야 한다. 설문조사 결과 '직장인이 버려야 할 답변 습관'이라는 자료가 있는데, 이중에서 가장 많은 응답이 나왔던 5가지 사항만 유념해서 행동해도 크게 실수하지는 않을 것이다.

직장인이 버려야 할 답변 습관

- 변명을 중심으로 서두를 시작한다.

- 핵심 없이 장황하게 설명한다.

- 형용사와 부사를 많이 사용한다.

- 사실과 개인의 의견을 구분하지 않는다.

- 소극적인 자세로 응답한다.

위의 5가지 피해야 할 주의사항 외에도 훌륭한 답변 요령이 있다. 질문과 답변은 사람과 사람이 하는 규칙인 만큼 서로 코드CODE를 잘 맞추는 것이 가장 필요하다. CODE 답변 방법에 대해 살펴보자.

첫째, 결론Conclusion을 먼저 답변하라. 대답을 듣는 사람 입장에서 생각해볼 때 가장 먼저 듣고 싶은 것이 무엇일까? 바로 결론이다. 답변하는 내 입장이 아닌 상대 입장에서 생각해보면 단순하다. 상대가 가장 알고 싶어 하는 결론에 대해서 먼저 이야기하고, 그 다음에 설명을 하는 것이 좋다. 보고서에서 핵심적인 결론을 먼저 서술하고 그에 대한 근거나 추가 설명을 하는 이유도 여기에 있다. 특히 구두 보고할 때도 결론을 먼저 이야기하는 습관을 들여야 한다.

둘째, 객관적Objective으로 답변하라. 보고할 때 답변은 정확하고 객관적이어야 한다. 물론 담당자의 개인적인 의견도 쓸 수 있지만, 그러한 의견이 나오기까지의 모든 답변은 객관적이어야 한다. 그래야만 답변에 신뢰가 생기고 사안에 대해 정확하게 볼 수 있다.

셋째, 구체적^{Detailed}으로 답변하라. 두루뭉술한 답변은 대답하는 사람이나 듣는 사람 모두 답답하기만 하다. 가령 "저 산은 아주 높다"라는 답변을 했을 때 그 높음의 기준은 사람마다 다르다. "저 산의 높이는 8,848미터입니다"라고 수치화해서 말할 수 있으면 정확하게 숫자를 제시하거나, 구체적인 자료가 있으면 명시하면서 명확하게 답변해야 한다.

넷째, 요점^{Essence} 중심으로 답변하라. 답변할 내용을 미리 정리하지 않고 말하면 장황해진다. 어떤 결론을 먼저 이야기하고 그에 따라 요점은 어디까지만 이야기할지 분명하게 생각하고 답변해야 한다. "사람들에게 연설하려고 할 때 나는 그들이 듣고 싶어 하는 것이 무엇인가를 생각하는 데 3분의 2의 시간을 썼고, 내가 말하고 싶은 내용의 요점을 생각하고 정리하는데 3분의 1을 사용했다"라고 말한 링컨 대통령의 말을 잘 새겨봐야 한다.

삼성의 비즈니스 응답 스킬

질문하기 원칙	응답하기 원칙
■ 질문의 의도가 명확해야 한다. ■ 간략하고 구체적으로 질문한다. ■ 답변이 부정확할 때는 다시 묻는다. ■ 여러 가지 질문을 한꺼번에 하지 않는다.	■ 질문 의도를 정확하게 파악한다. ■ 결론부터 먼저 말한다. ■ 간략하고 명쾌하게 답변한다. ■ 근거나 사례를 제시해 설득력을 높인다.

 바꾸다

기억하지 말고
기록하라.
나의 자산이
바뀔 것이다

#30

처음 직장생활을 시작하면서 멘토 선배에게 가장 많이 들었던 말 중에 하나가 바로 '메모 습관'이었다. 업무 지시를 받을 때나 중요 이슈를 들을 때는 반드시 메모를 통해 기록해야 한다는 것이다.

이런 이야기는 귀에 못이 박히도록 듣지만 정작 회사생활을 하면서 메모를 하는 사람은 많지 않다. 한 시간 가까이 회의해도 펼쳐놓은 노트에 단어만 몇 개 끼적이는 게 전부인 사람, 아무리 주의를 줘도 상사가 부르면 그냥 맨손으로 상사 앞에 서서 업무를 지시받는 직원도 있다. 이런 사람들은 메모나 기록 습관이 몸에 안 배어서 그런 것이다. 특히 요즘은 스마트폰이 대중화되면서 터치하는 것만으로 모든 게 해결되는 시대다. 그러다 보니 손글씨를 쓸 기회가 줄어들어 글씨 쓰는 게 자연스럽지 않아 메모 습관과 멀어지게 되는 경우도 있다.

하지만 직장인에게 메모 습관만큼 중요한 것은 없다. 누군가에게 업무 지시를 받을 때는 적든 안 적든 펜과 노트를 들고 있는 것이 기본이다. 일단 뭔가를 기록에 남긴다는 것도 중요하지만 그 사람이 업무할 준비가 되어 있다는 것을 보여주는 시각적 효과도 무시할 수 없다. 책상 위에 항상 노트와 필기구를 준비하고 언제라도 메모할 준비가 되어 있어야 한다. 노트나 다이어리가 아니라 포스트 잇이라도 좋다.

적을 준비가 되어 있는 것과 그렇지 않은 것은 엄청난 차이를 나타낸다. 급한 나머지 아무것도 준비하지 못했다면 스마트폰의 필기 어플리케이션이나 녹음 어플리케이션이라도 실행해서 준비해야 한다. 다소 어색할 수도 있지만 그런 작은 행동만으로도 적극적인 사람으로 보일 수 있다. 그리고 '기록'은 업무 진행에 있어서 중요한 근거가 된다. 일을 하며 수시로 말을 번복하는 상대방에게 보여줄 수 있는 보험증서와도 같다. 업무 시작 전 이미 합의된 내용에 대해 이견이 생겼을 때도 기록해둔 걸 보여주면 다시는 그런 일이 생기지 않을 것이다.

평소 잘 메모하지 않았다면 지금부터라도 '메모 습관'을 반드시 몸으로 체득해야 한다. 메모광이 되라는 어려운 조건도 아니다. 단지 회사에서 필요한 내용을 간단하게 메모하라는 것이다. 메모는 업무 능률을 올려줄 뿐만 아니라 두뇌에도 긍정적인 효과를 미친다.

손글씨로 메모하는 것이 키보드를 두드리는 것보다 뇌 발달에 훨씬 유리하다는 연구 결과도 있다. 미국 인디애나 대학교의 카린 할만 제임스 교수는 "손으로 글씨를 쓰면서 문장을 구성하는 것은 키보드를 두드릴 때와 뇌의 활성화 방식이 다르다"고 주장한다. 키보드로 뭔가를 쓴 것은 나중에 잘 기억하지 못할 때가 많지만, 손글씨로 종이에 필기하거나 목록을 적으면 설령 그 종이를 잃어버리더라도 그것을 떠올리기 쉽다고 한다. 업무 능력을 높이기 위해서도, 두뇌의 활성화를 높이기 위해서도 메모하고 또 메모하자. 그러면 업무 습관이 바뀐다. '천재의 기억'보다 '바보의 기록'이 정확하다는 걸 명심하자!

삼성의 기록 문화

이건희 회장이 1990년대 초중반까지 가장 아꼈던 전자제품은 '소니 녹음기'라고 한다. 이 회장은 1990년대 초 삼성 신임 임원들에게 소니 녹음기와 팩스를 지급하라고 지시하기도 했다. 이 회장은 고려청자나 조선백자의 기술이 후손들에게 제대로 전수되지 못한 것은 기록 문화의 부재 때문이라고 보았다. 그래서 기록에 대해 강조했고,

기업도 예외가 될 수 없다는 게 이 회장의 생각이었다.

이런 조직 분위기에 따라 삼성의 회의 문화 중 가장 중요한 것은 기록을 정확히 한다는 점이다. 회의가 끝나면 어김없이 회의 내용을 정리한 회의록이 바로 공유된다. 하루에도 수많은 정보가 생기는 기업임에도 모든 게 기록되고 보관된다.

선진국에 가면 오래된 자료, 문서가 산더미처럼 쌓여 있다. 200년밖에 안 된 나라인 미국이 그렇고, 프랑스도 그렇고, 2차 세계대전 때 완전히 잿더미가 된 독일조차도 천 년 넘은 자료가 수두룩하다. 역사가 왜 중요하고 기록이 왜 필요한가? 과거의 모든 데이터를 가져와서 현재로 분석하고, 미래를 시뮬레이션해보면 웬만한 것은 다 나오기 때문이다.

일본이나 유럽의 50년 된 회사와 5년 된 회사의 차이는 무엇일까? 바로 '과거의 데이터' 차이다. 그들은 기록과 역사, 그리고 분석을 중요시한다는 것이다. 모든 것을 기록으로 남기고, 주변에 무수히 널려 있는 정보를 모으고 분석하는 시스템을 하루바삐 구축해야 한다. 펜뿐만 아니라 효율을 전제로 한다면 녹음기도 있고 VTR이나 35밀리미터 필름도 있다. 다만 그룹 전체에 기록 문화가 정착할 때까지는 기록 수단을 '녹음'으로 정해서 회의 보고는 녹음테이프로, 평가도 녹음 내용에 근거해서 하자는 것이다.

— 《삼성인의 용어》 중에서

바꾸다

한 가지 일에
제대로
**마침표를 찍고
다음 일로 넘어가라**

#31

IT분야에서 한 대의 컴퓨터로 2가지 이상의 작업을 동시에 처리하거나, 2가지 이상의 프로그램을 동시에 실행시키는 것을 일컬어 '멀티태스킹Multitasking'이라고 부른다. 처리 프로세스의 하나인 멀티태스킹이 최근에는 마치 업무 능력이 뛰어난 사람의 필수조건인 것처럼 사용된다. 그래서 멀티태스킹으로 업무 처리를 못 하고 한 가지 일만 하는 사람은 일을 못한다는 오해를 받기도 한다. 하지만 결론적으로 멀티태스킹은 업무에 큰 도움이 되지 않는다.

"멀티태스킹은 사실 업무생산성을 40퍼센트나 떨어뜨린다."
– 미시건 대학교의 조슈아 루빈스타인Joshua Rubinstein 연구팀

"동시에 여러 일을 처리할 경우 IQ가 일시적으로 10포인트가량

낮아지기도 한다."

— 런던 대학교의 글렌 윌슨Glenn Wilson 연구팀

"멀티태스킹 습관은 그리 생산적이지 않다. 단지 여러 가지를 동시에 수행하는 경우 더 효율적으로 일하고 있다는 자기만족감만 얻을 뿐이다. 하지만 성과는 훨씬 낮다."

— 오하이오 대학교의 젠 왕Zhen Wnag 연구팀

"멀티태스킹 업무를 좋아하는 사람은 한 가지 작업에만 집중하는 사람과 비교해 정보를 취사선택하는 데 서툴며 작업 전환하는 능력도 떨어진다."

— 스탠포드 대학교의 클리포드 나스Clifford Nass 연구팀

　　인간의 두뇌는 동시에 여러 가지 일을 처리하는 것에 최적화되어 있지 않다. 오히려 한 가지 일을 재빨리 순차적으로 처리하는 걸 더 잘한다. 또한 여러 업무를 동시에 진행하게 되면 집중력이 떨어지고 작업 속도도 더뎌진다. 집중력이나 몰입도가 떨어지다 보니 자연스레 업무 창의력도 저하된다. 뇌가 쉬지 못하니 새로운 아이디어를 떠올릴 만한 여유가 없기 때문이다.

그럼에도 불구하고 직장인들은 동시에 여러 가지 업무를 진행하기 위해 분주하다. 인터넷 화면을 다중창으로 여러 개 띄어놓고 여기저기를 왔다 갔다 하며 웹서핑을 한다. 그것도 모자라 워드 프로그램으로 보고서를 작성하다가 동시에 고객과 전화를 하며 스마트폰의 메신저 프로그램으로 바쁘게 채팅을 한다. 메신저 도중 곁눈질로 TV 화면에 나오는 뉴스 장면도 놓치지 않는다.

이처럼 동시에 여러 가지 일을 진행하다 보면 실수가 늘기 마련이다. 한 가지 일에만 집중해도 제대로 할까 말까 한데 실수가 나오는 건 당연한 결과다. 거기다가 멀티태스킹은 단기기억 능력도 떨어뜨린다. 한 가지 작업을 하다가 이전 작업으로 돌아가면 무슨 일을 하고 있었는지 바로 전환하기 힘들고 생각해내기도 어려워 단기기억력에 악영향을 줄 수 있다. 최근 디지털 치매가 늘어나는 건 무분별한 디지털 기기 사용과 멀티태스킹에서 원인을 찾을 수 있다고 한다(컬럼비아 대학교의 벳시 스패로Betsy Sparrow 박사는 "인터넷이 발달하면서 정보가 뇌에 저장되는 게 아니라 인터넷상에 저장되고, 사람들이 이에 의존하면서 기억력이 점차 저하되고 있다"라며 디지털 치매를 경고했다).

물론 멀티태스킹으로 모든 일을 완벽하고 빠르게 처리하면 더할 나위 없다. 하지만 연구 결과에서 보듯이 대부분의 사람들은 한 가지 일만 처리하는 게 가장 효과적이다. 'Alt+Tab'을 계속 눌러대며

이 화면 저 화면 넘나들면서 많은 일을 동시에 완벽하게 처리하려는 건 과욕이다. 단일 작업에만 집중하고 한 가지 일이 끝나면 휴식을 취한 후 다른 일로 전환하는 정리 습관을 가져라

멀티태스킹 습관을 연구한 오하이오 대학교 연구팀은 대학 이름을 따서 'OHIO' 업무 방법을 권장한다. OHIO^{Only Handle It Once}란 '일단 손에 들어온 한 가지 일은 즉시 처리해야 한다'는 뜻이다. 한 가지 일을 완벽하게 처리하고 다음 업무로 넘어가는 게 작업 시간도 줄이고 제대로 일하는 습관이다.

나도 혹시 디지털 치매?

최근 한 설문조사에서 직장인 3명 중 1명이 부모나 형제의 전화번호를 기억하지 못하는 것으로 나타났다. 어제 먹은 식사 메뉴가 바로 기억나지 않는다는 응답도 30퍼센트를 넘었다. 자주 다니는 길인데도 내비게이션이 없으면 헤매기 일쑤고, 간단한 물건 값도 쉽게 암산하지 못한다. 노래방 기기의 도움 없이는 노래도 끝까지 부르지 못하는 게 현대인이다. 이처럼 디지털기기에 의존하면서 건망증은 점점 더 심해지고 있다. 당신도 혹시 디지털 치매가 아닌지 점검해보자.

디지털치매 자가 진단 체크리스크

자신에게 해당하는 항목을 체크한 후 각 항목의 점수를 더하세요.

● 1점, ▲ 2점, ■ 3점

● 가족이나 직장 동료와만 대화하는 날이 대부분이다.

● 직장동료가 아닌 친구와의 대화 중 80퍼센트는 컴퓨터나 스마트폰을 이용한다.

● 길을 찾을 때 자동차 내비게이션을 보거나 다른 사람이 도와줄 뿐 지도를 안 본다.

● 신용카드 사용 후 서명할 때 외에는 손으로 거의 글씨를 쓰지 않는다.

▲ 아무 생각 없이 같은 영화를 두 번 본 적이 있다.

▲ 회사에 지각하는 날이 늘고 있다.

▲ 지하철에서 별 생각 없이 출입구를 막고 서 있곤 한다.

▲ 더러워진 옷을 별 생각 없이 며칠씩 입은 적이 있다.

▲ 처음 만났다고 생각한 사람이 사실은 전에 만났던 사람인 적이 있다.

■ 외우고 있는 전화번호가 회사 관련 번호와 집 번호뿐이다.

■ 영화나 드라마를 볼 때 금방 싫증을 낸다.

■ 왜 같은 얘기를 자꾸 하느냐는 지적을 받은 적이 있다.

■ 전날 먹은 식사 메뉴가 생각나지 않는다.

■ 지하철 승강장에서 다른 사람과 부딪치면 무감각하게 지나치거나 큰 소리로 화를 낸다.

0~5점: 디지털 치매 없음

앞으로도 꾸준히 기억과 암기를 반복해 뇌 운동을 해주면 기억력이 높아지고 디지털 치매를 예방할 수 있다.

6~10점: 디지털 기기 의존증 경향이 있음

뇌 기능이 저하되고 있으므로 가족이나 직장동료 등 다양한 사람과 대화를 많이 해야 한다. 동호회 활동 등도 권장한다.

11~15점: 주의력 저하 단계

이 단계의 사람은 땅을 보고 걷는 경우가 많다. 일단 앞을 보고 주위를 둘러보며 여유 있게 걷길 권한다.

16~29점: 디지털 치매 단계

뇌 기능이나 정신상태에 문제가 없는지 진찰을 받을 필요가 있다.

– 출처: 일본 고노임상의학연구소

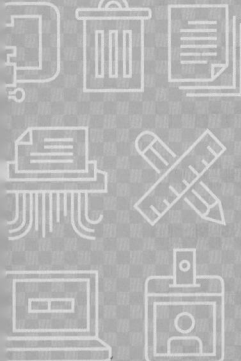

CHAPTER 7

습관화 하다

놀라운 변화가 시작된다

습관화하다

정리는
단순한 '잡무'가
아니라
'업무'의
중요한 시작점이다

#32

산업안전과 관련된 《산업안전대사전》을 보면 '정리정돈 효과'를 이렇게 제시한다.

① 좁은 장소가 넓어진다.

② 무재해 목표를 달성할 수 있다.

③ 밝은 직장 환경을 만들고 작업 규율이 향상된다.

④ 품질 불량, 클레임을 없애 목표를 달성할 수 있고, 사용자의 신용을 얻는다.

⑤ 작업 능률이 향상되고 수정 작업이 감소한다.

⑥ 재료, 반제품, 공구 등의 재고품이 명확해지고 최소 제작 중인 물건, 최소 재고의 목표를 달성할 수 있다.

⑦ 점검 작업이 용이하게 되고, 사고나 재해의 발생을 방지할 수 있다.

⑧ 유출, 누설 등을 쉽게 체크할 수 있어 자원 절약, 에너지 절약의 목표를 달성할 수 있다.

처음엔 단순히 장소가 넓어지는 효과를 이야기하지만 갈수록 조직의 '목표 달성'까지를 포함하는 것을 확인할 수 있다. 즉 직장인이 회사생활을 하며 정리하는 습관을 들이는 것은 기본부터 시작해서 궁극적인 목표 달성까지 이르는 수단이 된다. 정리를 '잡무'로 생각하면 큰 오산이다. 정리로 인해 '업무'가 한결 편해지고, 자신의 업무 습관도 한층 업그레이드되는 것이다.

정리를 귀찮아하지 않고 적극적으로 받아들이다 보면 정리의 즐거움을 알게 된다. 생각을 비우고 정리 습관으로 새롭게 채워라. 가장 많이 담을 수 있는 그릇은 큰 그릇이 아니라 비어 있는 그릇이다. 정리 습관으로 자신을 잘 채우는 게 먼저다. 잘 정리하면 주변뿐만 아니라 머릿속도 분명해지고 생각이나 업무에도 속도가 붙는다. 결국 정리를 잘하는 사람이 일도 잘하게 된다.

버리고, 줄이고, 정하고, 나누고, 바꾸면 훨씬 더 생활이 분명해지고 질서를 찾게 된다. 물건과 공간 정리를 통해 진짜 필요한 것만 가지고 생활하는 즐거움도 얻게 된다. 정리는 단순한 '잡무'가 아니라 '업무'의 중요한 시작점이자 완성점이다. 한번 정리를 잘해두면 쓸데없는 물건의 종류를 늘리지 않기 위해 노력하게 된다. 또 사람과 정보에 대해서도 자기만의 룰을 분명하게 세워 정리하게 된다. 시간에 허둥지둥 쫓기지도 않게 된다. 물론 이 모든 건 정리를 잘하고 꾸준히 한다는 가정하에서 이야기한 것이다.

정리 습관을
통한
자기 변화를
실감하라

#33

그렇다면 정리된 상태를 꾸준히 유지하기만 하면 정리는 끝난 것일까? 절대 아니다. 정리에는 끝이 없다. 사실 어찌 보면 정리 자체는 그리 어려운 게 아닌데 '꾸준히 지속해야 한다'는 게 가장 어렵다. 분명 정리도 다이어트의 요요현상처럼 흐트러지는 시기가 올 수 있다. 하지만 그 시기에도 정리 습관을 놓지 않고 실천하면 문제없다. 꾸준히 지속한 작은 정리 습관들이 모여 나만의 좋은 업무 습관이 되고 급기야 나만의 필살기가 된다. 정리 습관이 몸에 배었다면 이제는 그 습관을 '관리'하는 일만 남았다.

《성공하는 CEO들의 일하는 방법》의 저자 스테파니 윈스턴은 이렇게 말했다.

"내가 만나본 성공한 CEO들은 한결같이 책상이 깔끔했다. 깔끔한 책상처럼 그들은 생각 비우기의 명수였다."

CEO들은 대부분 책상 비우는 정리 습관이 생각을 비우는 업무 습관으로 발전해 지금의 자리까지 오르게 되었다. 일본의 자동차용품 전문기업인 '옐로햇'의 창업자 가기야마 히데사부로鍵山秀三郎 역시 그의 저서《머리청소 마음청소》에서 40년간 하루도 빠짐없이 회사를 청소한 게 자신의 성공 비결이라고 이야기했다.

사람은 눈에 보이는 것에 마음도 간다. 자리에서 일어나 행동으로 옮기지 않으면 망상·잡념으로 가득 차고, 적극적인 사고력이 쇠퇴하며 모든 것을 귀찮아하게 된다. 이런 악순환의 고리를 끊고 좋은 생각으로 바꾸기 위해서는 손이 닿는 곳부터 정리하며 몸을 움직이고 행동해야 한다.

습관의 힘을 꾸준히 이어가기 위해서는 머리가 아닌 몸으로 배워야 한다. 정리정돈의 효과를 머리로만 이해하면 주변도 마음도 금세 어지러질 확률이 높다. 정리 습관을 몸에 익혀 무의식적으로도 정리정돈을 할 수 있어야 한다. 정리에는 끝이 없다. 그렇다고 정리를 두려워하거나 피하지 말라. 일단 정리 덕분에 작은 변화라도 실감하기만 하면 쉽게 포기하지 않게 될 것이다. 좋은 정리 습관을 들여 제대로 업무실력을 발휘하고 모든 일이 술술 잘 풀리길 진심으로 바란다.